Würth, Sturm, Berner

Dr. Walter Döring, geboren 1954, promovierter Historiker und Autor vieler historischer Bücher, ehemaliger Spitzenpolitiker der Liberalen. Von 1996–2004 war er Wirtschaftsminister des Landes Baden-Württemberg und stellvertretender Ministerpräsident. Er hat zusammen mit der *Wirtschaftswoche* den jährlichen Weltmarktführergipfel ins Leben gerufen und ist Geschäftsführer der Akademie Deutscher Weltmarktführer.

Die Deutsche Nationalbibliothek verzeichnet diese Publikation
in der Deutschen Nationalbibliografie; detaillierte bibliografische Daten
sind im Internet über http://dnb.ddb.de abrufbar.

Döring, Walter
Die drei aus einer Klasse: Würth, Sturm, Berner
Wie drei Klassenkameraden zu Weltmarktführern wurden
ISBN 978-3-948696-44-3

Redaktionsleitung: Dr. Matthias Slunitschek
Umschlaggestaltung: wunderlichundweigand, Schwäbisch Hall
Satz und Gestaltung: Molino Verlag GmbH
Druck und Bindung: Finidr s.r.o/CZ
2. Auflage

WALTER DÖRING

Die drei aus einer Klasse: Würth, Sturm, Berner

Wie drei Klassenkameraden zu Weltmarktführern wurden

molino

Inhalt

Vorwort zur 2. Auflage

Die Unternehmerlegenden Reinhold Würth, Gerhard Sturm und Albert Berner, die sowohl der gleichzeitige Schulbesuch einer Grundschulklasse verbindet als auch und vor allem die Tatsache, dass sie es jeweils – wenn auch in unterschiedlicher Größe – zu Unternehmen von internationaler Bedeutung bis hin zur Weltmarktführerschaft geschafft haben, erregen nach wie vor großes Interesse. Das belegt auch die Nachfrage nach der vorliegenden Darstellung ihrer Wege mit der zweiten Auflage in kurzer Zeit.

Nicht Lehrer, Pfarrer oder Metzger, sondern außergewöhnlich erfolgreiche Unternehmer sind sie geworden. Und nicht nur das, sondern auch Vorbilder. Vorbilder, die gerade jetzt in krisenhaften Zeiten nachgefragt sind und hoffentlich auch zur Nachahmung ermutigen – zur Nachahmung empfohlen nicht allein als Firmengründer und jahrzehntelange Lenker und Gestalter, sondern eben auch als Mäzene auf den Feldern von Kunst, Musik, Sport und Forschung.

Solche »Typen« wie Würth, Sturm und Berner, alle drei sind ja auch beispielhafte Familienunternehmer, braucht das Land; und dies zu allen Zeiten!

Es ist zu wünschen, dass deren Lebenswege nicht bloß Interesse erregen, sondern Leserinnen und Lesern Mut machen, optimistisch ans Werk zu gehen und selbst Unternehmen zu gründen.

Walter Döring

Drei aus einer Klasse

Wenn man sich mit den Themen »Familienunternehmen«, »erfolgreiche Unternehmer«, »Mäzene«, »Kunst und Kultur« oder auch mit den deutschen »Weltmarktführern« befasst, kommt man an Reinhold Würth, Gerhard Sturm und Albert Berner nicht vorbei.

Zeitungs- und Magazinartikel, Fachliteratur, Wirtschaftsbücher und Biografien, ja sogar Filme und Dokumentationen (im Falle von Reinhold Würth) zu den drei Genannten füllen Archive und ganze Bücherregale, bisher jedoch liegt noch kein Buch vor, das diese drei herausragenden Unternehmerpersönlichkeiten in einem Werk vorstellt.

Höchste Zeit also, sich Reinhold Würth, Gerhard Sturm und Albert Berner, alle Jahrgang 1935, in einer Gesamtschau zu widmen.

Grund hierfür: Gleicher Jahrgang, gleiche regionale Herkunft und vor allem auch das Besondere an Ihnen: Sie haben einmal gemeinsam die Schulbank gedrückt – und noch heute sind sie »Die drei Weltmarktführer aus einer Klasse«.

Natürlich gibt es quer durch Deutschland eine erfreulich große Zahl (sage und schreibe 513) an Unternehmerpersönlichkeiten, die es mit ihren Firmen zu Weltgeltung gebracht haben. Einzigartig aber ist unter diesen, dass es drei ehemalige Klassenkameraden, jeder für sich mit seinem Unternehmen in die *belle etage* der herausragenden Unternehmen, in die Kategorie der Weltmarktführer geschafft haben.

Die Universität St. Gallen hat in Kooperation mit der Akademie der Weltmarktführer, ADWM, in Deutschland 513, in

Österreich 11 und in der Schweiz 43, insgesamt also 567 Weltmarktführer definiert.[1] Unter diesen Weltmarktführern im DACH-Raum sind die drei Genannten, die gemeinsam im Hohenlohischen Künzelsau, Baden-Württemberg, die Schulbank gedrückt haben, als solche Solitäre!

Statt Lehrer, Reinhold Würth, Pfarrer, Gerhard Sturm, oder Metzger, Albert Berner, wurden sie auf unterschiedlichen Wegen Unternehmensgründer, die ihr jeweiliges Unternehmen zu Weltmarktführern aufbauten.

Bei Reinhold Würth war es der frühe Tod des Vaters, der ihn mit gerade einmal 19 Jahren faktisch zum eigenverantwortlichen selbständigen Unternehmer machte. Reinhold Würth: »Da war ich plötzlich der Chef, unterstützt von meiner Mutter. ich wurde quasi automatisch in die Pflicht und in die Verantwortung genommen. Das war einfach notwendig. dabei war es nicht einmal das Idealbild meiner Mutter. Die hätte es gerne gesehen, wenn ich Lehrer geworden wäre.«[2]

Auf die Frage, was der Antrieb dazu war, dass er nicht Pfarrer, sondern Unternehmer wurde, antwortete Gerhard Sturm in einem Interview: »Wir waren eine Kriegsgeneration, wir sind in ganz, ganz schwierigen Verhältnissen aufgewachsen, hatten Sehnsucht nach Dingen, die es nicht gab. Und wenn es nur Süßigkeiten und Orangen waren. Wir waren alle von einem getrieben: Wir wollten es mal besser haben. Das war die innere Triebfeder, die Zeit hat uns geholfen. Stichwort Wirtschaftswunder«.

Albert Berner, in seinen Anfängen Lehrling in einer Metzgerei, auf die gleiche Frage nach der Antriebsfeder zum Unternehmertum: »Wir hatten einmal im Jahr einen schönen

Abend, das war der Heilige Abend. Mein Vater hat Metzgerei und Wirtschaft zugemacht, wir haben Karten gespielt und Würstchen mit Kartoffelsalat gegessen. Wir haben meine Eltern sonst nie gesehen. Die Kerle saßen da und haben bis Mitternacht gesoffen. Ich kriege heute noch Gänsehaut, wenn ich daran denke. Mein Traum war ein Auto – ein kleiner Topolino – ein kleines Häuschen und eine schöne Frau. Dafür haben wir geschuftet.«

Diese drei ehemaligen Klassenkameraden stehen seit Jahrzehnten als erfolgreiche Unternehmerpersönlichkeiten auch exemplarisch für das Erfolgsmodell der deutschen Familienunternehmen.

Familienunternehmen wie Würth, Sturm und Berner: erfolgreicher, besser angesehener

Die Hymnen auf die deutschen Familien- bzw. Eigentümerunternehmen sind Legende; die Literatur dazu ist ebenso legendär. Und dies völlig zurecht: Keine andere Unternehmensform trägt in einem vergleichbaren Ausmaß zum Wohlstand in Deutschland bei.[1]

Nach der letzten vorliegenden Studie steigerten die 500 umsatzstärksten Familienunternehmen von 2007 bis 2016 ihren weltweiten Umsatz um 27 Prozent. Bei den Dax-Unternehmen, die keine Familienunternehmen sind, lag dieser Wert bei gerade einmal drei Prozent.

Im selben Zeitraum bauten die 500 größten deutschen Familienunternehmen ihre Mitarbeiterzahl hierzulande laut dieser Studie des Zentrums für Europäische Wirtschaftsforschung (ZEW) um 23 Prozent aus; Schrittmacher auch hier nicht zuletzt die drei Unternehmergrößen aus Schwäbisch Hall/Hohenlohe. Die 27 Dax-Unternehmen ohne die Familienunternehmen kamen demnach nur auf ein Plus von vier Prozent.[2]

Die Stiftung Familienunternehmen stellt die volkswirtschaftliche Bedeutung dieser Familienunternehmen wie folgt dar: 90 Prozent Anteil an allen aktiven Unternehmen, 58 Prozent Anteil an der Gesamtbeschäftigung und 52 Prozent am Gesamtumsatz aller deutschen Unternehmen und nicht zuletzt 80 Prozent der Ausbildungsplätze.[3]

Die ehemalige Bundeskanzlerin Angela Merkel brachte es auf den Punkt: »Familienunternehmen sind das Herzstück der Sozialen Marktwirtschaft. Sie stehen in besonderer Weise für Leistungsbereitschaft, unternehmerischen Wagemut und Durchsetzungskraft. Ihre lebendige Vielfalt reicht vom bodenständigen Handwerksbetrieb bis zum Weltmarktführer mit vielen tausend Beschäftigten. So bilden Familienunternehmen das Fundament der mittelständischen Wirtschaft in Deutschland, die rund zwei Drittel des Bruttoinlandsprodukts erwirtschaftet sowie die Mehrzahl der Arbeits- und Ausbildungsplätze in unserer Volkswirtschaft stellt.«[4]

Eine Beobachtung, die schon länger Gültigkeit hat: Es waren weniger Manager, Gremien oder Vorstände, die Deutschland nach dem Zweiten Weltkrieg wieder aufgebaut und zu einem weltweit beachteten Wirtschaftswunderland machten als vielmehr Unternehmer und Unternehmerinnen, deren Namen auch heute noch in Erinnerung sind, selbst wenn ihre Unternehmen ganz verschwunden oder in andere Hände übergegangen sind. Auch wenn sie ganz unterschiedliche Charaktere und Persönlichkeiten waren, so waren ihr Ehrgeiz, ihr Wille und ihre Kraft, ihr Unternehmen aufzubauen und »identisch mit sich selbst zu machen«, ein einigendes charakteristisches Band für: Familienunternehmen. Ohne Zweifel stehen dafür beispielhaft auch die »Drei aus einer Klasse« Reinhold Würth, Gerhard Sturm und Albert Berner.

Brun-Hagen Hennerkes, Gründer und langjähriger Vorsitzender der Stiftung Familienunternehmen, würdigt die Familienunternehmen aus diesen Erfahrungen und Beobachtungen heraus als die »Königsklasse des Unternehmertums.«[5]

Wer aber sind nun diese Familienunternehmen, wer ist diese Königsklasse und wie wird sie definiert?

Auch wenn die Aussage voll und ganz zutrifft, dass »Familienunternehmen keine Organisationsform sind, sondern eine Haltung«[6], so muss man doch genauer hinsehen, denn zu oft wird der Begriff Familienunternehmen unklar verwendet. Vor allem die pauschale Gleichstellung mit Mittelstand ist nicht nur irreführend-falsch, sondern schlicht »eine Bezeichnung aus dem ausgehenden 19. Jahrhundert, die zudem ideologisch befrachtet ist.«[7]

Vor allem aber ist es unzeitgemäß und aufgrund von Erfahrung schlicht unpassend für Familienunternehmen, dass Mittelstand in der Politik auf allen Ebenen von den Ländern über den Bund bis hin zur EU über Größenklassen definiert und aufgeteilt wird.

Fairerweise muss man aber das pragmatische Argument anerkennen und dann doch auch gelten lassen: Größenklassendefinitionen haben ihren Ursprung und Grund darin, dass die Politik für die Gewährung von Fördermitteln allgemeingültige Kriterien festlegen muss, die ebenso gerecht wie vergleichbar und unter Umständen auch einklagbar sein müssen. Sie haben aber nichts mit der oben ausgeführten Haltung von Familienunternehmen zu tun, nach der jeder Familienunternehmer und jede Familienunternehmerin mit Haus und Hof und Frau und Kind für sein/ihr Unternehmen haftet.

Zugegeben: eine etwas zu simple, aber doch nachvollziehbar-verständliche Definition, die jedoch wissenschaftlicher Ernsthaftigkeit nicht standhält. Auf den Punkt gebracht: »Aus der besonderen Eigentums- und Interessenlage im Familienunternehmen folgt, dass derjenige, der die Macht hat, auch das Risiko eines Verlusts des von ihm eingebrachten

Kapitals trägt, während in der Publikums-AG der Vorstand nur fremdes Kapital und im ungünstigsten Fall seine Karriere, nicht aber sein privates Vermögen aufs Spiel setzt. Kurz und bündig: Diese Familienunternehmen sind ganz wesentlich durch ihre Eigentums- und Leitungsstrukturen charakterisiert. Daraus leiten sie aber auch eine ganz besondere Verantwortung für Ihre Unternehmen sowie Ihre Mitarbeiterinnen und Mitarbeiter ab, wie die drei ehemaligen Klassenkameraden Würth, Sturm und Berner bei vielen öffentlichen Gelegenheiten betonen und in der täglichen Praxis auch belegen; auch wenn dabei dann hin und wieder durchaus das ›Patriarchalische‹ leicht ›durchzuschimmern‹ vermag.

Im Gegensatz zum anonymen börsennotierten Großunternehmen ist gerade aber auch durch dieses Verantwortungsbewusstsein der Blick vorwiegend nach innen ge-richtet. Die permanente Beobachtung der Entwicklung des Unternehmenswertes, die Akzeptanz bei den Investoren, eine Einstufung als ›Manager des Jahres‹ – all dies ist für Familienunternehmen ohne Bedeutung.«[8]

Hier das kurzfristige Quartalsdenken, dort das Denken in langen Perspektiven: Familienunternehmen bauen auf langfristige Planung und Stabilität. Sie werden nach Christian Rödl nicht von Quartalsberichten und der Kapitalöffentlichkeit getrieben, sondern bringen das notwendige Durchhaltevermögen auf, auch wenn eine Investition einen längeren Atem braucht, um sich zu amortisieren.

Anna Maria Braun, Tochter des legendären Ludwig Georg Braun, der B. Braun Melsungen zum Weltmarktführer ausbaute, hat 2019 die Führung des Medizinausrüsters übernommen und gleich, so zitiert in der WirtschaftsWoche vom 24.1.2020, klargestellt: »Wir wollen aus eigener Kraft wachsen und ein geschlossenes Familienunternehmen bleiben«, was wohl so übersetzt werden kann: »Bloß kein Börsengang.«[9]

Das heißt nicht automatisch, dass sich Familienunternehmen kein Geld von außen holen: So hat Würth zum Beispiel schon mehrmals Anleihen ausgegeben – zum Vorteil aller Beteiligten.

Wer ein Unternehmen nach Möglichkeit über Generationen im Familienbesitz halten will, wie dies ebenso beispielhaft bei Würth, ebm-papst (Sturm) und Berner der Fall ist, ist von daher natürlich stärker an den langfristigen Auswirkungen als an den kurzfristigen Effekten seines Handelns interessiert; kurz: Er handelt nachhaltiger – eines der Top-Beispiele hierfür ist etwa die Familie Ritter, die Ritter Sport seit Jahren sehr nachhaltig ausrichtet – und im besten Sinne vorsichtiger. Der Chef des Familienunternehmens Merck, Stefan Oschmann, legte sich in einem Interview mit dem Handelsblatt vom 20. Januar 2020 hinsichtlich Vorsicht eindrucksvoll fest: »Eine Insolvenz wie Lehman Brothers hätte es nicht gegeben, hätte man dort ein solches System, das der Familienunternehmen, gehabt«[10] - und was wäre dann der Welt alles erspart geblieben!

Nachhaltigkeit schreiben die »Drei aus einer Klasse« groß und legen diesen mittlerweile inflationär gebrauchten Begriff richtigerweise weit aus: Alle drei sehen sich der öko-sozialen Marktwirtschaft verpflichtet und betonen neben Umwelt- und Klimaschutz das Soziale beim Thema Nachhaltigkeit.

So heißt es auf der Homepage von Würth: »Wir möchten unser Unternehmen auf ein nachhaltiges Fundament stellen, dass uns und nachfolgenden Generationen ein gutes Leben auf unserem Planeten ermöglicht. Dabei basiert unser Verständnis von Nachhaltigkeit auf den drei Dimensionen: Ökologie, Ökonomie und Soziales.«

ebm-papst zum selben Thema: »Die gesamte Unternehmenskultur von ebm-papst sowie die Produkte und Produktion sind nachhaltig ausgerichtet. Dieses ganzheitliche Konzept wurde bereits mehrfach ausgezeichnet. ebm-papst ist unter anderem Klimaschutzunternehmen sowie Träger des Deutschen Nachhaltigkeitspreises und des Deutschen Corporate Social Responsibility Preises.

Bei Berner liest man hierzu: »Durch nachhaltiges Wirtschaften leisten wir einen Beitrag zum Erhalt und Schutz der Umwelt, zudem engagieren wir uns für die positive Entwicklung von Kultur, Wissenschaft und Gesellschaft«.

Hennerkes betont mit seinem Hinweis auf die Bedeutung des Eigenkapitals ein weiteres zentrales Unterscheidungsmerkmal von Familienunternehmen gegenüber anderen Unternehmen: »Eine überdurchschnittlich hohe Eigenkapitalquote macht Familienunternehmer nicht nur unabhängiger von Fremdkapital. Sie wirtschaften mit eigenem Geld. Das bewahrt vor waghalsigen Abenteuern, unternehmerischem Größenwahn, Übertreibungen, Exzessen und Eitelkeit.«[11]

Alle drei Unternehmen der ehemaligen Künzelsauer Grundschüler weisen eine überdurchschnittlich hohe Eigenkapitalquote auf, die ihnen Unabhängigkeit und Investitionsmöglichkeiten in beachtlichen Größenordnungen ermöglicht.

Diese überdurchschnittlich hohe Eigenkapitalquote versetzt Familienunternehmen wie Würth, ebm-papst und Berner in die Lage, deutlich höhere Forschungs- und Entwicklungsausgaben zu tätigen, was zu Spitzenergebnissen bei Innovationen führt, die wiederum zur Stabilisierung und zum Ausbau der Weltmarktführerschaft führen.

Die Fischer-Unternehmensgruppe im Nordschwarzwald ist ein Paradebeispiel für die Innovationskraft von deutschen Familienunternehmen: Aus der Belegschaft dieser Unternehmensgruppe werden 20-mal mehr Patente pro Mitarbeiter angemeldet als im deutschen Wirtschaftsdurchschnitt.

Rainer Kirchdörfer ergänzt die Definition des Familienunternehmens, indem er den Begriff des Familienunternehmens über das Verhältnis zwischen dem Anteil der Familie(n) am Gesellschaftskapital und dem Anteil bzw. dem Einfluss der Familie(n) in den Kontroll- und/oder Managementorganen beschreibt. Er fährt fort: »Es wird als selbstverständlich vorausgesetzt, dass eine Beteiligung der Familie(n) am unternehmerischen Eigenkapital vorliegt … Objektive Größenmerkmale wie Umsatz, Beschäftigtenzahl oder Bilanzsumme sind für die Definition ebenso wenig von Bedeutung wie die spezifische Rechtsform, in der das Unternehmen auftritt.«[12]

Rödl beschreibt Familienunternehmen anschaulich als »verantwortungsvoll, innovativ zukunftsorientiert, überzeugungsstark, nachhaltig. Oft bilden sie in ihrem Industriesegment mit ihren Produkten die Spitze im internationalen Markt. Sie sind häufig Pioniere … Es ist gerade die Verbindung aus fachübergreifendem Know-how und Technologien, die zu den fortschrittlichsten der Welt gehören.«[13]

Zu den fortschrittlichsten und zu weltweit führenden – zu Weltmarktführern eben: Stolze 70 Prozent der deutschen Weltmarktführer sind Familienunternehmen. Und von diesen kann die »Region der Weltmarktführer« Schwäbisch Hall/Hohenlohe eine bundesweit einmalige Konzentration vorweisen

Damit kommt ein erst jüngst untersuchter Aspekt mit herein in die Betrachtung von Familienunternehmen: Die sehr unterschiedliche Wertschätzung von Nicht-Familienunternehmen im Vergleich zu klassischen Familienunternehmen wie oben definiert, und dazu noch die zwischen Stadt und Land gleichermaßen differierende Achtung dieser Unternehmen:

Nach einer Allensbach-Studie »haben Deutschlands Unternehmen ein massives Imageproblem: Lediglich 25 Prozent der 1255 Befragten halten Unternehmen für verantwortungsbewusst und langfristig denkend.« Komplett anders fällt das Ergebnis dieser Studie hinsichtlich des Ansehens von Familienunternehmen aus, wie die Allensbach-Demoskopen festhalten: »Einem überwiegend negativen Image von Unternehmen im Allgemeinen steht ein positives Ansehen der Familienunternehmen gegenüber. Ihnen bestätigten die Befragten, eben doch langfristig zu denken und Arbeitsplätze in Deutschland dauerhaft zu sichern, dazu Fachkräfte auszubilden und verantwortungsbewusst mit den Mitarbeitern umzugehen.«[14]

Klaus Fischer, erfolgreicher Inhaber der Fischer-Unternehmensgruppe und als »König der Dübel« international bekannt und geschätzt, hat dies aufgegriffen und den Erfolg der Familienunternehmer mit ihrer Haltung als Unternehmer wie folgt definiert: »Demut, Respekt, Zukunftsorientierung, für die Mitarbeiter da sein und ein guter Teamplayer sein.«[15]

Aus der Allensbach- Studie ging auch hervor, dass die Landbevölkerung ihren Familienunternehmen mehr Wertschätzung gegenüber aufbringt als die Städter dies tun: »Während von der Landbevölkerung fast 44 Prozent nichts auf Familienunternehmen kommen lassen, sind es in Mittel- und Kleinstädten gut 35 Prozent der Befragten und in Großstädten nur noch gut 30 Prozent.«[16]

Stefan Heidbreder, Geschäftsführer der Stiftung Familienunternehmen, liefert einen Erklärungsansatz hierfür: »Familienunternehmen sind die größten Arbeitgeber und garantieren in vielen ländlichen Regionen gleichwertige Lebensverhältnisse wie in den Metropolen«[17] – sie sind für den ländlichen Raum unverzichtbar!

Professor Christoph Müller, Ökonom an der Universität St. Gallen, bringt es auf den Punkt: »Geht es den Weltmarktführern schlecht, leidet die Region.«[18]

Offensichtlich wissen dies die Regionauten und schätzen deshalb ihre Unternehmer mehr als die Städter es tun.

Hinzu kommt die Sichtbarkeit der Familienunternehmerin bzw. des Familienunternehmers vor Ort; sichtbar, ansprechbar, Mäzen und Sponsor für örtliche Vereine in nahezu allen Bereichen. Erklärungen, die in Schwäbisch Hall/Hohenlohe ihre Bestätigung finden. Beispielhaft und zugleich für viele seiner Kolleginnen und Kollegen diese regionale Verbundenheit ausdrückend, sagt Hans Bühler, der geschäftsführende Gesellschafter der Optima Group: »Die Förderung der Jugend, sei es in Form von Projekten an

Schulen oder auch Sponsoring von Vereinen und Institutionen, ist mir wichtig.«[19]

Aber auch die besten Familienunternehmen sind nicht vor Risiken gefeit: Nach Fachkräftemangel und Digitalisierung galt ihnen bis vor Kurzem noch der Generationswechsel als drittgrößtes Risiko. Das ist heute nicht mehr so. Anja Müller: »Mehr als 70 Prozent von mehr als 500 potenziellen Nachfolgern, die das Friedrichshafener Institut für Familienunternehmen befragte, sehen sich mit 40 Jahren in der Geschäftsführung. Im Mittel sind das 90 Prozent mehr als noch vor zehn Jahren.«[20] Besonders erfreulich dabei: Die meisten Vertreter und Vertreterinnen der jungen Generation sind hervorragend ausgebildet, sind digitalaffin und denken nachhaltig. Sie haben schon viel von der Welt gesehen, in Start-ups und in andere Unternehmen hineingeschaut.

Müller: »Junge, erfolgreiche Nachfolger sind zudem ein Pfund bei der Gewinnung neuer Mitarbeiter, was nach wie vor zu den größten Herausforderungen gerade von Firmen mit Sitz im ländlichen Regionen zählt. Strahlen Führung und Belegschaft einen familiären Charakter aus, macht das ein Unternehmen nur attraktiver.«[21] Ein Fazit hieraus: Der Patriarch alter Schule hat ausgedient. Die meisten von ihnen haben dies erkannt und für eine gelungene Nachfolge gesorgt. Beispielhaft gut gelungen ist der Übergang bei Stihl, Würth, Groninger, Schubert, Viessmann, B. Braun Melsungen, Fielmann, Berner, Rossmann, dm, GEZE, Schunk, Fiege, Sixt, Sennheisser, Herrenknecht und selbst Patriarch Theo Müller holte jüngst seinen Sohn Stefan an die Spitze von Müller-Milch.

Christoph Müller weist noch auf einen weiteren gewichtigen Punkt hin, der Aufmerksamkeit verdient: »In Zukunftsbranchen wie künstliche Intelligenz, KI, soziale Medien oder Biotech sind andere Länder stärker. Es ist nicht ausgeschlossen, dass der Technologievorsprung schmilzt und Deutschland Weltmarktführer verliert.«[22]

Die Vergangenheit hat gezeigt: Gerade die Familienunternehmen waren und sind es – und ich bin optimistisch – sie bleiben es auch in Zukunft: stabil, mutig und innovativ genug, die Zeichen der Zeit und die einhergehenden Herausforderungen nicht nur zu erkennen, sondern sie offensiv anzugehen und sie zum Vorteil von uns allen zu bestehen.

Und dieser Optimismus besteht zu Recht; Beispiele: Das Familienunternehmen Vetter Pharma bietet weltweit allen Konkurrenten im Bereich der Biopharmaindustrie erfolgreich die Stirn; Gleiches gilt für die Familienunternehmen Rentschler sowie Boehringer Ingelheim. Zu dieser Spitzenposition mit hervorragenden Wachstumschancen haben es die genannten Familienunternehmen weit unter dem Radar von Politik und Öffentlichkeit gebracht.

Auch auf dem Gebiet von Sensorik und Künstlicher Intelligenz, KI, sind es die Privaten, die für Furore sorgen: Jörg Lambrecht hat mit der Gründung von Dedrone in Kassel ein Unternehmen gegründet, das neben anderen selbst das Pentagon vor Drohnen-Angriffen schützt. In Dresden waren es sieben Wissenschaftler, die mit ihrem Unternehmen Wandelbots eine Weltneuheit auf den Weg brachten: Wandelbots macht es weltweit möglich, Roboter zu programmieren. Freya Oehle: »Eine Revolution durch Hochtechnologie, die weltweit Aufsehen erregt.«[23] Weltmarktführerschaft durch kontinuierliches Innovieren – für die »Drei aus einer Klasse« eine längst zur Selbstverständlichkeit gewordene Praxis.

Zu Forschung und Entwicklung bei Würth heißt es: »Begeisterung durch Innovation zu wecken, ist für Forschung und Entwicklung (FuE) gleichzeitig Auftrag und Anspruch an die eigene Arbeitsqualität«.

Sehr kundenorientiert lautet das Forschungsziel bei ebmpapst: »Wenn eine unserer intelligenten Lösungen für Sie nicht passt, dann entwickeln unsere 650 Ingenieurinnen und Ingenieure und unsere Technikerinnen und Techniker zusammen mit Ihnen eben eine neue.«

Und der »Dritte im Bunde«, Albert Berner, führt zum selben Thema aus: »Meilensteine meiner Unternehmensentwicklung kamen immer über Innovationen.«

Jedes von Reinhold Würth, Gerhard Sturm und Albert Berner gegründete Unternehmen kann seit Jahrzehnten Awards und Anerkennungen für von ihm entwickelte Innovationen entgegennehmen – mehr dazu in den Unternehmenspräsentationen.

Die Region der Weltmarktführer: Schwäbisch Hall/Hohenlohe

Die Dichte an Weltmarktführern in Schwäbisch Hall/Hohenlohe gilt als einmalig in Deutschland. Als Kronzeuge hierfür sei Ministerpräsident Winfried Kretschmann angeführt: »Im Landkreis Schwäbisch Hall muss man ja quasi immer damit rechnen, einem Weltmarktführer zu begegnen. Unternehmen, die mit ihren Produkten, Technologien und Dienstleistungen in ihrer Branche weltweit führend sind, gehören hier sozusagen zur Normalität. Dass im Mittelzentrum Schwäbisch Hall seit Jahren ein ›Gipfeltreffen der Weltmarktführer‹ stattfindet, ist deshalb naheliegend und ein Gütesiegel für den Wirtschaftsstandort.«[1]

Sein Vorgänger Stefan Mappus sprach von einem »wirtschaftlichen Aushängeschild Baden-Württembergs.«[2]

Ins gleiche Horn blies der frühere Staatssekretär im Bundeswirtschaftsministerium, Rezzo Schlauch: »Die Wiederbelebung alter und traditionsreicher Stärken des Hohenloher Landstrichs wird flankiert von einer beispiellosen neuen Blüte von mittelständischen hoch innovativen Industrie- und Gewerbebetrieben, die die Region Hohenlohe, was die Parameter Bruttosozialprodukt und Produktivität angeht, zu den führenden Wirtschaftsregionen der Republik wie die Region Mittlerer Neckar und Rhein-Main-Region aufschließen lässt.«[3] Mit Wiederbelebung klingt an, dass dies bei Weitem nicht immer so war.

Der einmaligen Wachstumskarriere von Schwäbisch Hall/Hohenlohe waren Jahrzehnte des Darbens, der Not, der nahezu ausschließlichen Konzentration auf die Landwirtschaft und einer weitgehenden Industrieferne vorausgegangen: Bis Ende der 1970er- und teilweise noch in die Anfänge der 1980er-Jahre war in Stuttgart abfällig von »württembergisch Sibirien« gesprochen und in den Medien von »sterbenden Dörfern« geschrieben worden.

So ganz traf dies selbst in schweren Zeiten nicht zu, denn Not macht erfinderisch. Für Erfindungen, die aus der Not geboren wurden, steht beispielsweise Christian Bürkert. Dieser grandiose Tüftler erfand zunächst Eierbrutmaschinen für Landwirte. Heute ist die Bürkert Holding in Ingelfingen ein weltweit führendes Unternehmen der Mess- und Regelungstechnik.

Die Stärke dieser Region ist auch dem Wettbewerb der in dieser Raumschaft angesiedelten Unternehmen zuzuschreiben: Wettbewerb spornt an, führt dazu, dass man mit seinen Leistungen nicht nachlässt, sich nicht selbstzufrieden zurücklehnt, sondern die führende Position anstrebt und diese nach Erreichen verteidigt. Für diesen gesunden Wettbewerb stehen die »Drei aus einer Klasse« sowie eine Vielzahl der hier angesiedelten Maschinenbauer wie OPTIMA, Groninger, Bausch & Ströbel oder Rommelag, um nur einige von ihnen zu nennen.

Aber auch andersherum hatte »württembergisch Sibirien« etwas zu bieten: Arbeitskräfte. Beispiel: 1965 gründete Kärcher ein Werk in Obersontheim im Landkreis Schwäbisch Hall; Grund: Fachkräftemangel im Großraum Stuttgart, konkret in Winnenden.

Der Bau der Kochertalbrücke, der »eigentlichen Europa-Brücke«[4], ermöglichte schließlich ab 1979 einen Weiterbau der

A 6 nach Nürnberg, Würzburg und nach 1989 in die neuen Bundesländer – und den Firmen leichteren Zugang gen Osten; weit über Deutschlands Grenzen hinaus. Brücke und Autobahnen haben einen ganz entscheidenden Anteil daran, dass sich weite Landstriche entlang der A6 durch Industrieansiedlungen positiv entwickeln konnten; einstmals sterbende Dörfer wandelten sich in blühende Landschaften. Mit den Ansiedlungen und den ebenso rasant wie kontinuierlich wachsenden schon länger hier angesiedelten Unternehmen nahmen die Zahlen der Arbeits- und Ausbildungsplätze zu und mit diesen der Wohlstand von Schwäbisch Hall/Hohenlohe.

Brücke und Autobahn(en) sind zu den Hauptschlagadern für diese beiden Landkreise und auch darüber hinaus geworden und versorgen die Raumschaft mit der für eine gedeihliche Wirtschaft notwendigen Infrastruktur. So ganz allmählich sollte sich dann auch der lange ersehnte Erfolg einstellen: Heute wirbt die Region Heilbronn/Franken, deren wesentlicher Bestandteil neben Heilbronn Schwäbisch Hall/Hohenlohe ist, national sowie international mit dem Prädikat »Region der Weltmarktführer« für sich, denn tatsächlich befindet sich ja hier der Sitz zahlreicher Weltmarktführer aus einem bunten Gemisch nahezu aller Branchen.

Dadurch ist Schwäbisch Hall/Hohenlohe aktuell weit weniger krisenanfällig als zum Beispiel der Mittlere Neckarraum mit seinem industriellen Schwerpunkt auf der Automobilproduktion. Beweis: Im Jahresdurchschnitt 2019 lagen der Hohenlohekreis, der hinsichtlich seiner Einwohnerzahl kleinste Landkreis im Ländle, mit 2,4 Prozent und der Landkreis Schwäbisch Hall mit 2,7 Prozent Arbeitslosenquote weit hinter der Landeshauptstadt Stuttgart mit 4,1 oder auch sichtbar hinter Esslingen mit 3,2 Prozent; landesweit betrug der Durchschnitt 3,2, bundesweit 5,0 Prozent; bedeutet: Schwäbisch Hall/Hohenlohe lag etwa auf der Hälfte der bundesdurchschnittlichen Arbeitslosenquote!

Christel und Hans Volker Noller, Inhaber von Fertighaus Weiss, fassen in einem Satz das bisher Ausgeführte zusammen: »Mit Fug und Recht kann behauptet werden, dass die Region vor allem durch hart und zielstrebig arbeitende Familienunternehmen und deren Mitarbeiterinnen und Mitarbeiter zu dem geworden ist, was sie heute darstellt.«[5]

Und diese hart Arbeitenden haben natürlich berechtigte Ansprüche an die Lebensqualität ihres Wohnorts – und auch diesbezüglich kann Schwäbisch Hall/Hohenlohe punkten: Kultur, Bildung, Sport, Gesundheitsversorgung, gesunde Ernährung – alles da, alles vom Feinsten.

Museen in großer Zahl – die von Würth von Weltgeltung: »Ob Edvard Munch, Max Liebermann, Fernando Botero, Eduardo Chillida, Georg Baselitz, Tomi Ungerer, Niki de Saint-Phalle, Alex Katz, Frida Kahlo oder Henry Moore, sie alle hatten bereits Großauftritte in der Kunsthalle Würth«[6], zahlreiche Theaterspielstätten, herausragend unter diesen die Freilichtspiele in Schwäbisch Hall auf der einzigartigen Treppe vor St. Michael, dazu ganz aktuell das Neue Globe, zu einer Zeit gebaut, als bundesweit Theater geschlossen wurden, die Burgfestspiele in Jagsthausen mit den Götz von Berlichingen, international anerkannte Musiker zusammen mit den Würth-Philharmonikern im neuen Carmen-Würth-Forum, um nur einige Beispiele zu nennen, kennzeichnen das ebenso umfangreiche wie vielgestaltige Kulturangebot in Schwäbisch Hall/Hohenlohe, das noch um das Land der Burgen und Schlösser mit Öhringen, Neuenstein, Langenburg, Bartenstein und Kirchberg an der Jagst bereichert wird.

Sämtliche Schularten und Hochschulstandorte decken die wichtigsten (Grund-) Ausbildungsmöglichkeiten ab.

Im Sport spielen Basketballer, Merlins in Crailsheim, und American Footballer, Unicorns in Schwäbisch Hall, in der Bundesliga mit drei Deutschen Meisterschaften der Unicorns.

Das Diakoneo als Krankenhaus der Zentralversorgung in Schwäbisch Hall und das Kreisklinikum in Crailsheim sowie Krankenhäuser in Öhringen und Neuenstein dazu mehrere Ärztehäuser sorgen für eine optimale Gesundheitsversorgung.

Nicht zu vergessen ist im Rahmen Herausragendes in Schwäbisch Hall/Hohenlohe die Bäuerliche Erzeugergemeinschaft Schwäbisch Hall, BESH, mit dem weit über die Regionsgrenzen hinaus bekannten Schwäbisch Hällischen Landschwein, die vielfältig aufgestellte Landwirtschaft und die erst jüngst erfolgreich gestartete »Bio-Musterregion Hohenlohe«, die alle zusammen für eine gepflegte Kulturlandschaft und erstklassige Lebensmittelerzeugung stehen.

Drei Unternehmerleben: Herkunft, Mentalität, Meilensteine

Reinhold Würth, Würth Group

Kurz nach dem Ende des Zweiten Weltkriegs hatte die Militärregierung einem Antrag von Adolf Würth auf Gründung eines eigenen Geschäfts stattgegeben. Mit dieser Genehmigung in der Tasche konnte Reinhold Würths Vater Adolf Würth am 16. Juli 1945 die Schraubengroßhandlung Adolf Würth gründen.

Damit war die Basis eines Handelsunternehmens gelegt. Auf dieser sollte der Sohn des Firmengründers, Reinhold Würth, im Laufe der folgenden Jahrzehnte einen Weltmarktführer mit im Jahr 2022 mehr als 83.000 Mitarbeiterinnen und Mitarbeitern aufbauen; aber zunächst nochmals zurück zu den Ursprüngen.

Adolf Würth machte im überschaubaren Rahmen recht gute Geschäfte, konnte einen ersten Mitarbeiter einstellen und nahm bald danach seinen Sohn Reinhold vorzeitig von der Oberschule, um ihn zum ersten Oktober 1949 als Kaufmannslehrling in seinem kleinen Unternehmen einzustellen.

Allmählich setzten in diesen frühen Nachkriegsjahren die Wirtschaftswunderjahre ein. Die junge Firma konnte ein Auto kaufen. Reinhold Würth bekam die Sondergenehmigung, mit 16 Jahren den Führerschein zu machen. Er legte am 20. April 1951 erfolgreich die Fahrprüfung ab, durfte sofort seinen Führerschein in Empfang nehmen – und los ging es: Damit hatte der führerscheinlose Vater einen Chauffeur, der sogleich voll zum Einsatz kam: Jetzt konnten Tagesreisen bis in die Schweiz unternommen werden.

Von einer Fahrt nach Düsseldorf als erstmals allein verantwortlicher Außendienstler kehrte Reinhold Würth mit einem ordentlichen Auftragspaket zurück, worüber sich Bernadette Schoog zufolge sein Vater Adolf Würth seiner Ehefrau Alma, nicht aber seinem Sohn gegenüber erfreut gezeigt haben soll: »Seiner Frau erzählt er abends, wie großartig er es finde, dass ihr gemeinsamer Sohn ein solches Verkaufsgeschick an den Tag lege.«[1]

Es lief also ganz gut, Wachstum und Umsatz nahmen zu. Als Folge war dem zunehmenden Raumbedarf Rechnung zu tragen: Ende 1952 erfolgte der Umzug in das erste eigene Gebäude in der Bahnhofsstraße in Künzelsau. Die Künzelsauer Schlossmühle, in welcher das Unternehmen zuvor Unterkunft gefunden hatte, war zu klein geworden.

Dann der Schicksalstag 14. Dezember 1954: Adolf Würth erlag einem Sekundenherztod. Reinhold Würth erzählte rückblickend einmal, dass er noch am Tag der Beerdigung seines Vaters einem Bekannten des verstorbenen Vaters erklärte, wie es denn nun mit der Firma weitergehe, »dass ich auf jeden Fall versuchen würde, den Betrieb aufrechtzuerhalten und fortzuführen.«[2] Er war damals gerade 19 Jahre alt.

Damit nun zu Reinhold Würth: Der Unternehmer, Kunstmäzen, Professor, Weltbürger, Grandseigneur, Familienmensch und »Uomo universale«[3], »Prediger des kontinuierlichen Wachstums«[4], »Selfmade-Milliardär« und »Unternehmer-Legende«[5], »pater familias«[6] und »Visionär«[7] Reinhold

Würth kam am 20. April 1935 als ältester Sohn von Alma und Adolf Würth in Öhringen zur Welt.

Seine Kindheit und Jugend waren von Kriegerlebnissen und kurzer Schulzeit geprägt: Mit neun Jahren entging er nach eigenen Schilderungen 1944 nur knapp dem Tod durch einen Jagdbomber: »Der Pilot begann schon in der Höhe der Gebäude der dicht bewohnten Straße mit seiner Bordkanone zu schießen. Wir Kinder rannten auseinander. Ich suchte hinter einer kleinen Mauer am Balkon im Erdgeschoß des Hauses Austraße 13 Schutz. Wenn ich nur drei oder vier Meter weiter links oder rechts gestanden hätte, wäre ich totgeschossen worden.«[8]

Zum Glück für ihn und das Unternehmen kam es ganz anders: Seit seinem zehnten Lebensjahr arbeitete Reinhold Würth in dem väterlichen Betrieb. Während seine Spielkameraden im kühlen Wasser des Kochers tobten, räumte der junge Reinhold Schraubenregale ein, obwohl er viel lieber auch schwimmen gegangen wäre, wie er einmal wehmütig betonte.

Der frühe Tod des Vaters, neben dem Großvater »mein großes Vorbild«, machte Reinhold Würth 1954 mit 19 Jahren zum eigenverantwortlichen selbständigen Unternehmer.

Reinhold Würth: »Da war ich plötzlich der Chef, unterstützt von meiner Mutter. Ich wurde quasi automatisch in die Pflicht und in die Verantwortung genommen. Das war einfach notwendig. Dabei war es nicht einmal das Idealbild meiner Mutter. Die hätte es gerne gesehen, wenn ich Lehrer geworden wäre.«[9]

Reinhold Würth ließ sich von Anfang an in Pflicht und Verantwortung nehmen. Walther Rosenberger: »Er übernimmt die

Schraubenhandlung mit einem Umsatz von weniger als 150.000 D-Mark und bringt die Firma in Höchstgeschwindigkeit auf Expansionskurs«: Würth steigerte sehr rasant den Umsatz – schon im ersten Jahr um 20 Prozent – unter anderem auch durch die Einführung des Direktvertriebs, was geradezu als eine Revolution galt.[10]

Schrittmacher war Reinhold Würth auch auf einem anderen Feld. Er expandierte als einer der ersten mit einer Niederlassung hinaus in die Welt, als Expansion in Deutschland für die allermeisten Unternehmen noch überwiegend auf die jeweils nähere Umgebung begrenzt blieb: Im März 1962 gründete er die erste Auslandsniederlassung seines Unternehmens in den Niederlanden. Mit dieser – seinerzeit eher ungewöhnlichen – Entscheidung gehörte er damals zu den Wegbereitern der Globalisierung deutscher Unternehmen, zumal er noch in den 1960er-Jahren eine Vielzahl weiterer Auslandsniederlassungen ins Leben rief, darunter die in der Schweiz, Österreich, Belgien und in den USA. Die frühe internationale Ausrichtung seines Unternehmens war eine zeitige Weichenstellung in Richtung Weltkonzern, zu dem Würth in den folgenden Jahrzehnten aufsteigen sollte.

Reinhold Würth in einem Interview zu seinem 80. Geburtstag auf die Frage, ob es einen Moment gegeben habe, an welchem er merkte, mit der Firma etwas Großes auf die Beine zu stellen: »Es gibt nicht den großen genialen Einfall, tausende großer und kleiner Entscheidungen haben am Ende das Wachstum des Unternehmens ermöglicht. Eine Entscheidung tritt trotzdem hervor, nämlich die Gründung der ersten Auslandsgesellschaft in den Niederlanden 1962, also der Schritt über die deutschen Grenzen hinaus in die Welt. Tatsächlich war diese Entscheidung … revolutionär. Die Idee war aber nicht meine, sondern die meines Vaters: Schon während seiner jahrzehntelangen Tätigkeit für das Unternehmen Reisser hatte er selbst viele Kunden, zum Beispiel in der Schweiz und in Österreich, geworben. Als sich mein Vater selbständig gemacht hatte, habe ich ihn auch weiterhin zu Verkaufsreisen dorthin begleitet und so war für mich die Internationalität eigentlich selbstverständlich. Mein Vater hat also indirekt einen großen Anteil an der Entwicklung des Unternehmens.«[11]

Internationalisierung hat ihre Antriebskraft im Expansionsstreben, was wiederum auf dem Streben nach Wachstum beruht. Hermann Simon: »Wenn man über langfristige Ziele und Visionen als Instrument der Unternehmensführung und Treiber kontinuierlichen Wachstums spricht, dann führt kein Weg an Reinhold Würth vorbei. Wachstum bildet stets den Kern seiner Vision. Reinhold Würth hat nie aufgehört, die Tugend des Wachstums zu predigen. Oft vergleicht er seine Firma mit einem Baum: Solange der Baum wächst, bleibt er gesund. Stoppt das Wachstum, so beginnt der Niedergang des Baums. Würth zufolge hält nur Wachstum eine Firma jung, dynamisch, agil. Würth beließ es allerdings nie bei allgemeinen Wachstumsappellen, sondern setzte immer wieder quantitative Ziele, die zu ihrer Zeit fast unerreichbar schienen. Damit macht er seine Visionen konkret und messbar. Mit Ausnahme der Krisenjahre 2009/2010 ist Würth, den Zielvorgaben des Patriarchen folgend, stetig gewachsen; nach Simon »im 15-Jahres-Zeitraum im Schnitt mit 9,5 Prozent pro Jahr.«[12] Die letzten außerordentlich erfolgreichen

Jahre haben diesen Schnitt über die Marke der Zweistelligkeit angehoben.

Wachstumstreiber war Chef Reinhold Würth selbst, der 1979 bei einem (umgerechneten) Umsatz von 219 Millionen Euro für 1986 das Umsatzziel von 500 Millionen Euro und für 1990 das Erreichen der Umsatz-Milliarde ausrief. Die ambitionierte Euro-Milliarde erreichte das Unternehmen bereits ein Jahr früher im Jahr 1989, was den Inhaber dazu motivierte, die Überschreitung der Fünf-Milliarden-Euro-Umsatz-Grenze für das Jahr 2000 anzupeilen. Ein Ziel, das Reinhold Würth zufolge die »Mitarbeiter in sehr kurzer Zeit akzeptierten. Ich übertreibe nicht, wenn ich sage, dass diese neue Vision eine fast magnetische Anziehungskraft schuf«.

Reinhold Würth war und ist sich stets des Anteils seiner Belegschaft am Unternehmenserfolg bewusst: »Ich bin überzeugt, dass Menschenführung zu mehr als 50 Prozent über Gewinn und Verlust entscheidet«, weshalb Aus- und Fortbildungsprogramme, Benefits für und Anreizsysteme zu guter Leistung von Beginn an zur Unternehmenskultur von Würth gehören. Auch dem modernen »New Work« hat sich das Unternehmen geöffnet: Würth setzt auf flexibles Arbeiten in einer hybriden Arbeitswelt: »Sofern es die Tätigkeit zulässt, können Mitarbeitende zwei Mobile-Office-Tage pro Woche einlegen. Die höchst moderne Konferenztechnik bei Würth ermöglicht hybride Meetings.« Ein Ergebnis hiervon: Nach Aussage des Unternehmenslenkers brachte die »niedrige Mitarbeiterfluktuation, das heißt die hohe Mitarbeiterstabilität ein großes Ausmaß an stabilem Konzern-Knowhow.«

Die sich weiterhin rasant einstellenden Erfolge standen und stehen bis heute für diese magnetische Anziehungskraft, die von den ambitionierten Zielsetzungen des Inhabers ausgingen und bis heute ausgehen. Klar halfen dabei die Wiedervereinigung Deutschlands, der damit einhergehende Fall des Eisernen Vorhangs sowie der ungeheure Hunger nach Auf- und Nachholen des bisher nicht Zugänglichen und durch Mauer und Stacheldraht Unmöglichen im gesamten Ostblock – das galt aber für alle, aber bei Weitem nicht alle haben die sich daraus ergebenden Chancen so konsequent und ebenso schnell genutzt wie eben Würth.

Nahezu mitten hinein in diese enormen Wachstumschancen durch die Öffnung von jahrzehntelang riesigen, praktisch brachgelegenen Märkten, überraschte Reinhold Würth 1994 mit seinem Rückzug aus der operativen Geschäftsleitung und der Übernahme des Beiratsvorsitzes der Würth-Gruppe.

Ein Jahr danach, 1995, beging die Würth-Gruppe ihr 50-jähriges Firmenjubiläum und konnte nicht nur fünf erfolgreiche Jahrzehnte feiern, sondern über einen Umsatzrekord in Höhe von umgerechnet 2,21 Milliarden Euro jubeln.

Damit zurück zur Wachstumsphilosophie von Reinhold Würth: Wachstum um des reinen Wachstums willen war nie das Ziel von Würth: »Wachstum ohne Gewinn ist tödlich! Jedes Unternehmen muss Gewinn erwirtschaften. Höchstes Ziel für jede Aktivität in der Würth-Gruppe bleibt auch in der Zukunft die Verbesserung der Rentabilität und die Erhöhung des Gewinns. Nur über den Firmengewinn können neue Mittel für Investitionen zur Verfügung gestellt und das Wachstum unserer Gruppe gesichert werden.«[13]

Die schließlich folgerichtig als Ziel vorgegebene ehrgeizige 10-Milliarden-Euro-Umsatz-Marke schaffte die bis dahin in 400 Gesellschaften in mehr als 80 Ländern auf rund 66.000 Mitarbeiterinnen und Mitarbeiter angewachsene Würth-Gruppe im Jahre 2014.

Die Schraubengroßhandlung war längst ein auf höchste Effizienz getrimmtes Vertriebs- und Logistiksystem mit der weltweit größten Zahl an Außendienstmitarbeitern. Hermann Simon: »Motivation, Incentivierung, Verkaufsziele, Multiplikation der Segmente, innovative Vertriebsmethoden wie Abholshops, E-Commerce und natürlich Globalisierung sowie zahlreiche Firmenzukäufe waren bei Würth die entscheidenden Wachstumstreiber.«[14]

Reinhold Würth schuf im Laufe seiner unternehmerischen Tätigkeit damit einen auch deshalb besonders beachtlichen Teil des deutschen Wirtschaftswunders, da er zeigte, dass »im Tüftlerland Baden-Württemberg nicht nur Ingenieure und Autobauer, sondern auch Händler und Verkäufer Erfolg haben können.«[15] Er selbst dazu in einem Gespräch kurz vor seinem 80. Geburtstag 2015: »Für mich ist und bleibt Verkaufen der schönste Beruf.«[16]

Alt-Bundespräsident Roman Herzog fasste 2004 anlässlich der Aufnahme Würths in die Hall of Fame dessen unternehmerische Leistung mit den Worten zusammen: »Ich kenne wenige Unternehmer, die so über das Phänomen Arbeit selbst reflektiert haben wie er. Seine Überzeugungen beruhen auf dem Schumpeter'schen Unternehmertum, aber auch hier mit dem Unterschied, dass er darüber nicht nur räsoniert, sondern dass er die Konsequenzen daraus zieht. Es ist eine ungeheure

Kreativität hinter seinem Werk, ein großer Wagemut. Natürlich hat sein wirtschaftlicher Aufstieg auch mit einem Boom in der Weltwirtschaft zu tun, aber wer Reinhold Würth kennt, der weiß auch, dass es der Eigentümerunternehmer selbst ist, dem dieser Erfolg zu verdanken ist.«[17]

Und – darauf ging Herzog nicht ein – auch einem gut funktionierenden System zur Mitarbeitermotivation aus fordern und fördern, anerkennen und belohnen, aber auch einem hin und wieder doch auch etwas außergewöhnlichem schriftlichem Mahnwesen, indem der Patriarch zur Feder griff und seine Mitarbeiter/innen massiv zur Leistungssteigerung – »Überfordern Sie nicht die Geduld der Zentrale!«[18], also: Seine! – anspornte.

Zu einem neuerlichen, einschneidenden und in Familienunternehmen bis heute seltenen Führungswechsel kam es 2006, als Reinhold Würth den Stab des Beiratsvorsitzenden an seine Tochter Bettina Würth übergab und er selbst den Vorsitz des Stiftungsaufsichtsrats übernahm.

Bettina Würth ist neben Simone Bagel-Trah bei Henkel und Catharina Claas-Mühlhäuser bei Claas eine von nur drei Frauen, die in den 100 größten deutschen Familienunternehmen eine Führungsposition einnimmt, wie Mitte 2022 erst wieder die Albright-Stiftung – und damit die Rückständigkeit in den meisten Familienunternehmen bezüglich Frauen in Führungspositionen beklagend – festgestellt hatte.

Fragen nach dem Machtgefüge in der Folge von diesen Änderungen beantwortet Senior Reinhold Würth seither lächelnd und ein wenig selbstironisch mit dem mittlerweile legendären Satz: »Ich bin die Hauptversammlung.«

Seine ihm nachgefolgte Tochter sah er dabei nicht »im Schatten meiner starken Präsenz: Das mag vielleicht nach außen so erscheinen. Intern ist meine Tochter im Unternehmen richtig präsent. Es wird in der Praxis so gelebt, dass sie den Beiratsvorsitz hat und damit die Nummer eins im Konzern ist.«[19]

Bettina Würth reagierte 2015 in einem Interview auf die großen Fußstapfen ihres Vaters angesprochen mit der klaren Aussage: »Bei größtem Respekt vor dem, was er geschaffen hat – ich trete nicht in die Fußstapfen meines Vaters. Das geht auch gar nicht. Das ist, als wenn Sie sich mit einem anderen Anzug als jemand anderes verkleiden wollen. Ich setze alle meine Kraft ins Unternehmen und ich verfolge dieselben Ziele wie mein Vater. Ich will unsere Kultur erhalten, die er geprägt hat. Ich will – wie er – die Leistungsorientierung und Leistungskraft im ganzen Konzern für die Zukunft sichern. Das ist sicherlich die größte Aufgabe, die sich aus einem derartigen Übergang ergibt. Aber ich muss es nicht in gleicher Weise tun wie mein Vater. Ich habe meinen eigenen Stil und meine eigene Führungsmethode. Ich bin ein ganz pragmatischer Arbeiter. Ich will, dass die Würth-Gruppe weiterhin wächst, Gewinne abliefert, Umsatzwachstum erzielt und sichere Arbeitsplätze erhält und schafft.«[20]

Würths Erfolgsstory setzte sich auch nach diesem Wechsel im Beiratsvorsitz mit nur lediglich ganz kurzen Unterbrechungen in der allgemeinen Finanz- und Wirtschaftskrise 2008/09 auf kontinuierliche Weise fort: 2014 übersprang der Konzern – wie schon ausgeführt – die Zehn-Milliarden-Umsatz-Hürde.

2019 konnte Reinhold Würth sein 70-jähriges Arbeitsjubiläum begehen, zu dem ihm der baden-württembergische Ministerpräsident Winfried Kretschmann gratulierte und ihn als einen in jeder Hinsicht vorbildlichen Unternehmer würdigte.

Roman Herzog ging auch auf eine weitere der zahlreichen Facetten im Leben und Wesen des Reinhold Würth ein: »Er hat beachtliche Kunstsammlungen aufgebaut und macht sie der Öffentlichkeit zugänglich – getreu der Einsicht, dass Kunst nur dann wirklich Kunst ist, wenn sie öffentlich ist.«[21]

Reinhold Würths Begeisterung für die Kunst entsprang einer gewissermaßen schicksalshaften Begegnung mit einem bundesweit bekannten Fotografen im Jahre 1969. Für Reinhold Würth und seine Liebe zur Kunst ist eine Begegnung im Jahre 1969 an Bedeutung nicht zu überschätzen: Er lernt über seine Frau Carmen, die er 1956 ehelichte, den Fotografen Paul Swiridoff kennen. Dieser hatte Carmen Würth mit einer Reihe von Familienfotos begeistert und deshalb mehrere Aufträge auch für das Ablichten von Würth-Gebäuden erhalten, um diese ins rechte Licht zu setzen.

Bernadette Schoog schreibt: »Immer enger wird die Freundschaft zwischen Swiridoff und Reinhold Würth, die letztlich dafür verantwortlich ist, dass der erfolgreiche Unternehmer seine Lust und seine Liebe zur Kunst in eine Sammlung legt. Nicht nur durch das, was Swiridoff selbst zu Hause an den Wänden hängen hat, weckt er Reinhold Würths Interesse, auch die Erzählungen und Geschichten aus seiner Zeit als Galerist nach Kriegsende, wo er zahlreiche Ausstellungen mit Werken zeitgenössischer Kunst präsentiert hat, animieren den jungen Unternehmer, sich für das Sammeln von Kunst zu begeistern. Die ›Wolkenspiegelung in der Marsch‹ von Emil Nolde aus dem Jahr 1935, dem Geburtsjahr von Reinhold Würth, wird das erste bedeutende Bild seiner Sammlung sein, erworben 1971 für 60.000 D-Mark.«[22] Reinhold Würth rückblickend dazu in einem Interview mit der Süddeutschen Zeitung am 30. Mai 2020: »Das hat mich eine schlaflose Nacht gekostet. Das Bild hat mich so fasziniert.«[23]

1987 gründeten Carmen und Reinhold Würth die Stiftung Würth, deren Zweck die Förderung von Wissenschaft, Forschung, Kunst, Kultur, Bildung, Erziehung und Integration ist. Im Jahre 2015 umfasste die Sammlung sagenhafte 16.000 Exponate, die Kunstliebhaber in der ganzen Welt in etwa einem Dutzend Würth-eigenen Museen, aber auch in anderen privaten und auch staatlichen Museen betrachten können. Reinhold Würth: »Kunst ist das Atmen der Seele.« Und daran soll jedermann teilhaben können, weshalb er auch erklärte: »Ich verschließe meine Kunst nicht«, und sie folgerichtig sowohl am Stammsitz des Unternehmens als auch in seinen Museen kostenfrei der interessierten Öffentlichkeit zugänglich macht.

Oftmals zuerst in Schwäbisch Hall, wo er mit der Kunsthalle Würth Einzigartiges errichten ließ. Anlässlich der Eröffnung dieses grandiosen Bauwerks des dänischen Architekten Henning Larsen im Jahre 2001 schrieb die Stuttgarter Zeitung: »Man kann gar nicht anders, man spürt sofort, das ist ein Museum für die Bürger, für die Stadt hier. Diese Offenheit, dieser Blick auf die den Hang hinaufkletternde Altstadt gegenüber. Wie von einer Dachterrasse schweift der

Blick zu den stadtbildprägenden Bauwerken aus den letzten Jahrhunderten. Links und rechts dieser Aussichtsplattform zwei Belvedere-Türme, kantig, aber nicht aufdringlich, die Eingangsbereiche der Kunsthalle Würth, deren aufregendes Innenleben darunter zu besichtigen ist.«

Mittlerweile ist das Thema Kulturengagement von Unternehmen und Stadtentwicklung auch in der Wissenschaft angekommen. Beispielhaft sei hierfür die Universität Bonn mit Professor Claus C. Wiegandt genannt. Wenn die von Würth geplante und beschlossene Erweiterung der Kunsthalle Würth in Schwäbisch Hall mit einer einhergehenden Neugestaltung eines Teils der Katharinen-Vorstadt in wenigen Jahren abgeschlossen sein wird, so wird auch an dieser Stelle ein lohnendes Forschungsprojekt entwickelt und realisiert worden sein.

Und damit nicht genug: Wenige Jahre später erwarb sein Unternehmen auf Anraten von Reinhold Würth die Johanniterkirche in Schwäbisch Hall, eine säkularisierte Kirche aus dem 12. Jahrhundert, die über Jahrzehnte als Behelfsturnhalle und Konzertsaal Verwendung fand. Würth ließ sie mit hohem denkmalpflegerischem Aufwand zu einem 2008 eröffneten Museum mit allen notwendigen die Kunstschätze schützenden Veränderungen, aber in ihrer ursprünglichen Gestalt, herrichten. Schoog: »Jetzt ist dieses Gebäude die neue Heimat für die 2003 von Reinhold Würth erworbene ehedem Fürstlich Fürstenbergische Sammlung Alter Meister, ein spektakulärer Ankauf auch deshalb, weil die in der Goethe-Zeit zusammengetragenen Bilder zum Verkauf standen und Gefahr liefen, in die ganze Welt verstreut zu werden, die Cranachs und Riemenschneiders, die Veilchenmeister und Holbeins.«[24] Für diese Johanniterkirche gelang Reinhold Würth eine bundes- und europaweit Schlagzeilen erzeugende Überraschung: Er kaufte die legendäre Schutzmantelmadonna, die berühmte Madonna des Bürgermeisters Jacob Meyer zum Hasen von Hans Holbein d. J., auch »Darmstädter Madonna« genannt. Auch das 2020 eröffnete Museum Würth 2 zeigt, dass dies alles nicht das Ende von Reinhold Würths Bemühungen um die Kunst im öffentlichen Raum war.

Über 18.500 Kunstschätze, mehr als ein Dutzend Museen und Kunstdependancen an den nationalen und internationalen Standorten von Würth, Ausstellungen von Weltgeltung, hochkarätige Musikveranstaltungen, dazu ja auch noch die Unterstützung von Bildungseinrichtungen und Literaturstipendien und -preisen – wie passt das zu dem nicht selten auch als »knallharten Geschäftsmann« charakterisierten Reinhold Würth?

Er selbst sah dies immer ganz nüchtern: »Die Kunstsammlung ist explizit Firmeneigentum, und sie soll es auch bleiben. Das habe ich bewusst gemacht, weil ich den Wert der Kunstsammlung als Haftungskapital im Unternehmen halten will. Die Ankäufe werden aus Firmengeldern finanziert. Die Museen stehen auf Firmengelände und sind mit den Firmen verzahnt. Das wird auch nach meiner Zeit so bleiben. Da ist es nicht widersprüchlich, den Kauf von Kunstwerken auch unter dem Aspekt ihres materiellen Wertes zu sehen. Ich bin Kaufmann auch dann, wenn ich Kunst kaufe.«[25]

Diese nüchtern-ehrliche Haltung, mit der Reinhold Würth sein ihm oft zu einseitig gepriesenes Wirken als Mäzen in das aus seiner Sicht rechte Licht setzte, brachte er auch 2020 noch einmal unmissverständlich zum Ausdruck: »Von Jugend an durfte ich erfahren, dass die Begegnung mit Kunst – und hier beziehe ich mich keineswegs nur auf Bildende Kunst – ›nicht allein dem gesellschaftlichen Dekor‹ (Karl Ernst Osthaus) dient, sondern die Seele atmen lässt. Es ist daher mein Anliegen, das inspirierende Erlebnis guter Architektur und Kunst in den (Arbeits-) Alltag von Mitarbeitern, Geschäftspartnern und interessierter Öffentlichkeit einfließen zu lassen und unterschiedliche Kunstströmungen durch aktive Vermittlung einem breiten Publikum zuzu-führen. Die in meinem Unternehmen praxisbewährte Vereinbarkeit von kulturellem Engagement und wirtschaftlichen Interessen zeigt, dass gesellschaftliche Verantwortung keineswegs nur altruistisch sein muss.«[26]

Tatsächlich, so verriet Reinhold Würth einmal in einem Gespräch, »bewegt die Musik mich eigentlich noch mehr als die bildende Kunst.« Folgerichtig rief er 2017 die Würth Philharmoniker ins Leben, die seither mit großartigen Konzerten im Zusammenspiel mit nationalen und internationalen Künstlerinnen und Künstlern zu begeistern wissen.

Seine außerunternehmerischen Interessen blieben nicht nur auf Kunst und Musik beschränkt, sondern umfassten stets auch den Bereich der Wissenschaft und der Ausbildung von jungen Menschen. Gerne nahm er deshalb auch die Aufforderung bzw. Einladung dazu an, das neu gegründete Institut für Entrepreneurship an der Universität Karlsruhe zu leiten, was er von 1999 – jenem Jahr der Ernennung zum

Honorarprofessor – bis 2003 engagiert und mit nachhaltiger Wirkung bei seinen Studierenden machte.

Also alles immer nur eitel Sonnenschein; weit gefehlt: Reinhold Würth blieb von schweren Schicksalsschlägen nicht verschont: Sein Sohn Markus ist durch einen ärztlichen Fehler schwer behindert, eine Enkeltochter, Anne-Sophie, kam mit neun Jahren bei einem Verkehrsunfall ums Leben, und dann war da auch noch die »Steuersache«: 2008 ermittelte die Staatsanwaltschaft wegen angeblicher Unregelmäßigkeiten in den Bilanzen gegen den Schraubenkönig und stellte das Verfahren ein, nachdem der Beschuldigte einen Strafbefehl über 3,5 Millionen Euro akzeptiert hatte. Ein Vorgang, den Würth, der sich in einem Gespräch 2015 heute noch als massiv unfair und ungerecht behandelt fühlte, als eine Katastrophe bezeichnete, die ihn bis ins Mark getroffen habe, auch, weil er von Anwaltsseite miserabel beraten war, und den er in mehreren Interviews mit den Worten abschloss: »Die Wunden sind geheilt, aber die Narben sind geblieben, die manchmal noch schmerzen.«[27] Die Vorstrafe wurde 2012 gelöscht.

In diesen Momenten der dunkleren Stunden seines Lebens fand Reinhold Würth, der sich definitiv als Christ fühlt, nach eigenen Aussagen Kraft im Glauben: »Heimat, Familie und der Glaube an Gott sind meine Kraftquellen.«

Auch konkretes Handeln half über die Schicksalsschläge im engsten Familienkreis hinweg: Die Gründung der Freie Schule Anne-Sophie, eine vielbeachtete Initiative von Bettina Würth, und ebenso auch das von Carmen Würth initiierte Hotel-Restaurant Anne-Sophie in Künzelsau sollen sowohl die Erinnerungen wachhalten, als auch Beispiel geben: Für fröhlichen, lebensbejahenden Umgang miteinander und für den Beweis der Leistungskompetenz auch von Menschen mit einer Behinderung.

Der Schutz der Familie ist ihm immer wichtig gewesen. Um dieses Ziel mit dem des Schutzes des Unternehmens zu verbinden, wählte Reinhold Würth den Weg einer Stiftung. Dabei entschied er sich von den drei denkbaren Stiftungen – Gemeinnützige, Unternehmens- oder Familien-Stiftung – für die letztgenannte.

Reinhold Würth: »Ich habe mich bewusst für das Modell Familienstiftung entschieden, weil ich das Vermögen in der Familie erhalten will. Den Zweifeln an diesem Modell kann man die positiven Beispiele aus anderen Familienunternehmen entgegenhalten. Die Modelle Zeiss, Mahle und Bosch sind nicht das, was ich mir für meine Familie vorstelle. Sie behält das Eigentum. Wir haben Absprachen und Verpflichtungen für das Erbe, mit denen wir die Führungsstruktur, die Führungswege und die Entscheidungsprozesse so geregelt haben, dass nach heutiger Sicht der Zerfall der Familie in gegnerische Lager und des Konzerns in zersplitterte Teile verhindert wird. Die gemeinnützige Seite bilden wir über die gemeinnützige Stiftung Würth ab.«[28]

Das weltweit tätige Unternehmen muss auch nach der Zeit seines Gründers fortbestehen, weshalb Gründer Würth hierfür Vorsorge getroffen hat: »Was das Management angeht, habe ich den Beirat geschaffen. Der Beirat hat eine präzise ausgearbeitete Satzung. Es wird definiert, wer Beiratsmitglied werden kann; es sind Altersgrenzen festgelegt. Der Beirat hat neun Mitglieder. Fünf werden durch die Familie bestellt. Der Beirat hat die Aufgabe, die Konzernführung der Würth-Gruppe zu beraten und zu überwachen. Er entscheidet über Berufung und Abberufung von Geschäftsführern der Gesellschaften der Würth-Gruppe.«[29]

Reinhold Würth, der ein 250 Seiten umfassendes Kompendium zur Zukunftsgestaltung seines Unternehmens verfasste und in einem Handelsblatt-Interview den Wunsch äußerte, dereinst »entspannt in den Sarg hüpfen zu können«[30], scheint diesem voller Tatkraft noch weit entfernt und ist bis in diese Tage Wachstums-, Internationalisierungs- und auch Innovationstreiber: »Sie wissen«, so erklärt er im Frühjahr 2022 auf der Homepage seines Unternehmens, »dass wir in Künzelsau mit einem Investitionsaufwand von 70 Millionen Euro ein neues Forschungs- und Entwicklungszentrum bauen. Eines der wichtigsten Forschungsziele wird sein, für unser Unternehmen Produktreihen und Fertigungsprozesse zu entwickeln, die mit weniger Energieverbrauch bei Herstellung und späterem Betrieb auskommen. Damit werden diese 70 Millionen Euro sehr gewinnbringend investiert, nicht in erster Linie in Profit, sondern in unser Ziel, die Würth-Gruppe klimaneutral betreiben zu können.«

Mit diesem Innovationszentrum am Standort Künzelsau-Gaisbach untermauert Würth seine Hersteller- und Technologiekompetenz und vereint Wissenschaft, Forschung und Wirtschaft. In diesem werden rund 250 Mitarbeiterinnen und Mitarbeiter aus der Produktentwicklung der Adolf Würth GmbH & Co. KG gemeinsam mit den Produktionsgesellschaften des Konzerns und externen Forschern Innovationen entwickeln.

Ziel ist es, die Innovationszyklen in den Bereichen Verbindungstechnik, Schrauben, Dübel, Chemie, Maschinen und Systeme zu verkürzen sowie Neu- und Weiterentwicklungen noch schneller und kundenspezifischer auf den Markt zu bringen. Sprecher der Konzernführung der Würth-Gruppe Robert Friedmann: »Wir setzen noch stärker auf innovative Produkte, mit denen wir uns von der Konkurrenz differenzieren können.«[31] Weltmarktführer eben!

Auch Tochterunternehmen von Würth brillieren mit Forschungs-Awards: So wurde die Würth Elektronik Unternehmensgruppe 2022 mit vier Sternen für die Bewertung als eines »der innovativsten Unternehmen Deutschlands« ausgezeichnet.

Auch für diesen gelebten, täglich praktizierten Innovationsgeist erhielt Reinhold Würth Zeit seines Lebens ungezählte nationale und internationale Ehrenzeichen, Ehrenbürgerschaften, Ehrendoktorwürden und Ehrensenatorentitel.

Seine eigentlich geplante große Geburtstagsfeier anlässlich seines 85. Ehrentages am 20. April 2020 mit Altbundespräsident Horst Köhler fiel zwar dem Corona-Virus zum Opfer, aber Anlass zur Freude hatte der Jubilar trotzdem, konnte doch die Würth-Gruppe im Frühjahr desselben Jahres herausragende Erfolge melden, die 2021 sogar noch mit den besten Ergebnissen in der Geschichte des Unternehmens übertroffen wurden: »Die Würth-Gruppe ist Weltmarktführer in ihrem Kerngeschäft, dem Vertrieb von Montage- und Befestigungsmaterial. Sie besteht aktuell aus über 400 Gesellschaften in mehr als 80 Ländern und beschäftigt über 83.500 Mitarbeiter. Davon sind knapp 34.000 festangestellte Verkäufer im Außendienst. Gemäß Jahresabschluss 2021 erzielte die Würth-Gruppe im Geschäftsjahr 2021 einen Umsatz von 17 060 Milliarden Euro.«[32]

Lassen wir ihn abschließend aber noch selbst zu Wort kommen. In einer Sonderveröffentlichung zu »75 Jahre Würth« erwähnte er zuerst, dass er »die einzige Person ist, die die Geschichte des Unternehmens von den ersten Tagen an rekapitulieren kann«, um dann einen Satz anzufügen, der ihn in seiner ganzen Persönlichkeit als Unternehmer charakterisiert: »Mehr als 78.000 Arbeitsplätze, ein Umsatz von 14,3 Milliarden Euro, das macht manches Mal staunen: Und immer noch stehen wir am frühen Anfang der Entwicklung, die Würth-Gruppe hat noch riesige Marktchancen und Entwicklungsmöglichkeiten in eine erfolgreiche Zukunft.«[33]

Um diese riesigen Marktchancen und Entwicklungsmöglichkeiten für eine erfolgreiche Zukunft konsequent anzupacken und zu nutzen, hat die Adolf Würth GmbH & Co. KG, die größte Einzelgesellschaft der Würth-Gruppe, Ende Juni 2022 den Spatenstich für ein Vertriebszentrum vorgenommen, das »die logistischen Voraussetzungen für das weitere Wachstum des Unternehmens nachhaltig sicherstellen soll. Die investitionssumme für das neue Vertriebszentrum und die damit verbundene Neugestaltung des Logistikprozesses beläuft sich auf rund 97 Millionen Euro. Es ist die bisher größte Logistikinvestition in der Unternehmensgeschichte der Würth-Gruppe. Mit dem Neubau schafft Würth über 200 neue Arbeitsplätze für die Region. Der Go-Live ist für Dezember 2024 geplant.«

Immer weiter! Reinhold Würth mit seiner Geste des Wachstums

Albert Berner, Berner SE

Albert Berner, mit seinem Geburtstag am 12. Juli 1935 in Künzelsau nach Reinhold Würth (20. April) und vor Gerhard Sturm (17. Dezember) Zweitältester oder Zweitjüngster der »drei aus einer Klasse«, ist das älteste Kind seiner Eltern Albert, Metzgermeister und Koch, und Berta Berner, die noch eine jüngere Tochter und zwei jüngere Söhne hatten.

Albert Berner wuchs in bescheidenen Verhältnissen in einer kleinen Hinterhofwohnung auf, von der er später einmal sagte: »Da erschrecken Sie, wenn ich Ihnen das zeigen könnte, so klein und eng war das.«[1]

Weil Albert Berners Vater in der Zeit vor dem Zweiten Weltkrieg keine Arbeit als Metzger mehr fand, arbeitete er auf einem Bauernhof, während auch seine Ehefrau, Alberts Mutter, bei der Kleiderfabrik Hermann, dem späteren europaweit agierenden Jeanshersteller Mustang, einer einfachen Hilfsarbeiterinnentätigkeit nachging und mit diesem dringend benötigten Hinzuverdienst dazu beitrug, die sechsköpfige Familie durchzubringen; viel Zeit für die vier kleinen Kinder konnten die Eltern unter solchen Umständen nicht aufbringen.

Der kleine Albert Berner war deshalb oft auf dem Hof seiner Großeltern in Laibach untergebracht, einem ganz kleinen Örtchen zwischen Künzelsau und Bad Mergentheim, wo er »ein einfaches, aber glückliches Leben führte. Das Bad hat man nicht so oft gesehen, aber ich wurde von meinen Großeltern und meiner ledigen Tante liebevoll betreut. Und es gab immer etwas zu essen.«[2]

Ab 1941 lebte die Familie Berner wieder zusammen im dritten Stock einer Wohnung in der Künzelsauer Hauptstraße, in welcher der sechsjährige Albert Berner alle – seinerzeit nicht ungefährlichen – Kinderkrankheiten wie Scharlach und Diphterie durchlitt.

Seine Einschulung erfolgte im selben Jahr 1941. Von der zweiten bis zur vierten Klasse teilte er die Schulbank mit Gerhard Sturm und Reinhold Würth, die beide anschließend die Oberschule besuchten, während Berner auf der Hauptschule verblieb: »An der Prüfung habe ich auch noch teilgenommen, aber meine Eltern hatten kein Geld, das kostete damals ja noch was.«[3]

Folglich konnte er nicht auf die Oberschule wechseln, wofür in der Nachkriegszeit noch stolze 23 Reichsmark pro Monat fällig waren, die seine Eltern aber eben nicht aufbringen konnten.

Als er 1948 die Hauptschule beendete, war Albert Berner 13 Jahre alt. Auf Drängen seines Vaters begann er in dessen Metzgerei eine Lehre. Samstags stand er nun im Laden und half seiner Mutter beim Verkauf. »Damals«, so berichtete er rückblickend, »habe ich gemerkt, dass mir das Verkaufen richtig gut gelingt und Freude macht. »Grüß Gott, Frau Müller, was möchten Sie? 100 Gramm Lyoner; gerne. Gut so. Stimmt« – das habe ich gekonnt. Ich stand schon mit 14 Jahren in einer schwarzen Weste mit weißen Knöpfen im Laden und habe mitgeholfen«, berichtete er seinen Biografen.[4]

Richtig gut liefen die Geschäfte des Vaters im gepachteten Löwen in Künzelsau nicht; weder im Wirtshaus noch in der Metzgerei. Nachdem der Vater deshalb diese Existenz aufgegeben und das Wirtshaus Bären – nun jedoch ohne Metzgerei – gepachtet hatte, musste Albert Berner seine Lehre in einer Metzgerei mit Gastwirtschaft in Heilbronn fortsetzen. Fortan radelte er jeden Sonntagabend hin und am nächsten Samstagnachmittag die 50 Kilometer wieder zurück; und dies bei Wind und Wetter.

Sicher haben diese Umstände dazu beigetragen, dass er anderthalb Jahre mehr schlecht als recht versuchte, in dem ungeliebten Beruf zurechtzukommen, wobei das angespannte Verhältnis zum Lehrherrn noch erschwerend hinzukam. Der zu erwartende Eklat ließ schließlich auch nicht lange auf sich warten: Nach einer schweren körperlichen Anstrengung hatte Lehrling Albert Kohldampf und »dann habe ich, das vergesse ich nie, sieben Paar Saitenwürstle gegessen. Der Chef hat getobt, was mich so geärgert hat, dass ich mit dem Rauchstock auf ihn los bin und anschließend hoch in mein Zimmer, in mein lumpiges, hab meine drei Unterhosen gepackt und bin heim.«[5] Klar, dass damit Albert Berners Lehrlingszeit in Heilbronn beendet war.

Auch weitere Lehrlingsausbildungen – eine zum Schreiner, eine zum Schlosser – führte er nicht zu Ende, sondern brach sie jeweils vorzeitig ab. Einmal war der nachvollziehbare Grund, dass der Lehrherr seinen Lehrling nicht zum Fußballtraining fahren wollte …, was wohl viel über den jungen Wilden Albert Berner auszusagen vermag.

Statt Lehre, Hilfsarbeiten: Albert Berner arbeitete ein halbes Jahr im Tiefbau, in gefährlichen, da zumeist ungesicherten Schächten, verdiente zwar sein eigenes – gar nicht mal so schlechtes – Geld, war aber streitsüchtig, ging –

Amateurboxer, der er war – keiner Keilerei aus dem Weg und enttäuschte doch fortgesetzt seine Eltern: Der Vater bezeichnete ihn gar als Tagdieb; kurz: Der junge Albert Berner stand damals auf der Kippe, wie er selbst rückblickend einräumte: »Mir hat jede Perspektive für mein Leben gefehlt.«[6]

Bei aller Enttäuschung und zeitweiliger Entfremdung zwischen Vater und Sohn erfolgte dennoch gerade in dieser Zeit die Versöhnung zwischen Junior und Senior. Jahrzehnte später fand Albert für seinen Vater, den er eine Zeitlang sogar in seinem Unternehmen beschäftigt hatte, anerkennende Worte: »Mein Vater war ein Spitzenmetzger und Spitzenkoch. Seine Leberwurst war die beste. Als Lehrling hatte ich es schwer mit ihm, ich habe ihn verehrt, doch er hat mir immer wieder eins draufgegeben. Aber er war ein toller Metzger, der beste hier, und er war wahnsinnig fleißig, von ihm habe ich viel!«[7]

Die Rettung, also seine große Chance, bot ihm schließlich der Vater seines früheren Klassenkameraden Reinhold Würth, Adolf Würth, an, der den etwas aus der Bahn geratenen 17-Jährigen unter zehn Bewerbern als Lehrling zum Großhandelskaufmann aufnahm. Albert Berner: »Ab dem Tag habe ich mein Leben neu geordnet. Ich wurde pünktlich, ordentlich und fleißig, der schönste und der sauberste Kerl der ganzen Stadt. Es war mein Traum, Kaufmann zu lernen.«[8] Motiviert und endlich angekommen, bestand er 1955 den Kaufmannsgehilfenbrief ohne Probleme.

Bei Würth bekam er sein Leben tatsächlich in den Griff und legte los; und wie: Er war so erfolgreich, dass er von Anbeginn an gut verkaufte, wofür ihn einerseits Adolf Würth lobte und er selbst andererseits immer mehr spürte: »Meine Zukunft liegt im Verkauf.«

Nach dem plötzlichen Tod von Adolf Würth, woraufhin Berners Klassenkamerad Reinhold Würth sein Chef wurde, blieb Albert Berner noch bei Würth, aber »schon bald erkannte er, dass es neben seinem dynamischen jungen Chef wohl auf Dauer schwierig werden würde. Wir haben uns zwar gut verstanden, aber ein bisschen jugendliche Eifersucht war da schon im Spiel. Und mir wurde damals zunehmend klar, dass ich gerne etwas Eigenes machen würde.«[9]

Angetrieben von dieser jugendlichen Eifersucht dem erfolgreichen ehemaligen Klassenkameraden Reinhold Würth gegenüber, kündigte Berner im Alter von 21 Jahren Mitte Februar 1957, blieb noch vier Wochen und nutzte die zweite Märzhälfte zur Vorbereitung der eigenen Selbständigkeit.

In dieser Absicht, sich selbständig zu machen, bestärkten ihn zahlreiche seiner Kunden und sagten ihm auch ihre Unterstützung zu, die teilweise so weit ging, dass sie ihm nicht alleine Aufträge in Aussicht stellten, sondern sogar schon unterschriebene Schecks mitgaben, wodurch er beim Abschicken der Ware nur noch das Datum eintragen und nicht in Vorleistung gehen musste; für einen Gründer eine sehr wertvolle Starthilfe. Besonders hilfreich dabei: Ein Scheck über stolze 3.000 D-Mark von dem Leiter einer Mercedes-Werkstatt in Dortmund.

Zu den frühen Unterstützern gehörte auch ein VW-Großhändler in Bielefeld, ein Herr Richter, über den Berner erzählte: »Der Herr Richter, der mochte mich. Als ich dem erzählte, dass ich mich selbständig mache, sagte der sofort, dass ich die Aufträge bekomme. 10.000 Nummernschildschrauben, daran hat man damals sehr gut verdient.«[10]

Neben diesem Startkapital hatte Albert Berner einen alten Borgward zur Verfügung, den er gegen die Lieferung von Ware bezahlen konnte – der aber auch schon sehr bald seinen Geist aufgab und ersetzt werden musste. Berner: »Damals habe ich mir dann gleich einen neuen Opel Rekord gekauft! Gelb. Mit weißem Dach und Weißwandreifen. Da war ich richtig stolz! Aber ich fuhr ja im Jahr auch 80.000 Kilometer.«[11]

Das lag daran, dass Albert Berner in der Anfangszeit als einziger Außendienstler seines kleinen Ein-Mann-Unternehmens in ganz Deutschland vom Süden bis in den hohen Norden unterwegs war. An den Samstagen erledigte er den ganzen Papierkram sowie die Auftragsbearbeitung. Die frühen Verkaufserfolge versetzten ihn dann in die Lage, sein in der Gaststätte seiner Eltern als Büro genutztes Schlafzimmer gegen angemietete drei kleine Kellerräume einzutauschen, in denen er auch sein Material lagern konnte.

Ganz offensichtlich waren seine Verkaufsfahrten von Erfolgen gekrönt: Schon bereits einen Monat nach Gründung konnte er Schecks über 30.000 D-Mark auf die Bank tragen und im Rückblick stolz verkünden: »Ich habe vom ersten Tag an Gewinn gemacht und ich hatte von Beginn an keine roten Zahlen.«[12]

Der Umsatz kletterte weiter, und Albert Berner wollte nun auch familiär in die Pötte kommen, sprich: eine Familie gründen. Erste Heirat im September 1957 – und 1961 endlich auch das erste eigene Haus: Oben sechs Zimmer für die bald vierköpfige Familie, unten vier Büros, im Keller Lager und Packerei der Firma. Schwerer Schicksalsschlag 1965: Seine Ehefrau Gisela starb mit gerade einmal 26 Jahren. Zurück blieben Albert Berner sowie die beiden Kinder Dagmar und Ralf, damals zwei und sechs Jahre alt.

Wiederheirat im April 1966 mit Ursula Herms, welche er bei dem Architekten seines zweiten Privathauses kennen gelernt hatte. Bis heute ist sie eine wesentliche Stütze ihres Mannes, der ganz offen sagt, dass er es ohne sie nicht so weit gebracht hätte.

Ursula Berner, umsichtig sorgende Mutter der beiden nächsten gemeinsamen Kinder Albert Berners Christian und Kerstin, zeigt sich seit Jahrzehnten sozial engagiert sowie kulturell interessiert und trägt im repräsentativen Bereich viel zum positiven Image des Unternehmens bei.

In der Biografie »Mein Weg/Mein Leben« heißt es unter anderem: »Sie hat ihn immer und ganz besonders während der Zeit seiner schweren Krankheit Ende der 90er-Jahre unterstützt … Sie ist nicht einfach nur die Frau an seiner Seite, sondern diskutiert auch unternehmerische Entscheidungen mit.«[13]

Das Ehepaar Berner übernahm von Anfang an soziale Verantwortung, die sich in konkreten Hilfestellungen niederschlug wie zum Beispiel in der Inklusion von Menschen mit Behinderung sowie in der Gründung der gemeinnützigen Albert-Berner-Stiftung, die sich seit 1995 für die Förderung von Kindern und Erwachsenen im sozialen, kulturellen und sportlichen Bereich sowie im Bildungswesen in der Heimatregion der Gründer, Hohenlohe, einsetzt. »Ich bin hier aufgewachsen, groß geworden und habe viel Glück gehabt im Leben, deshalb möchte ich etwas davon weitergeben«[14], so der Stifter an seinem 60. Geburtstag.

Das Wachstum der Firma hielt unterdessen unvermindert an. In den ersten Jahren schaffte das junge Unternehmen jedes Jahr eine Verdoppelung seines Umsatzes, womit natürlich ein ebenso wachsender Personal- und Raumbedarf einhergingen.

Zu diesem kontinuierlichen Wachstum trugen ganz entscheidende Innovationen bei, die der Unternehmensgründer erfolgreich auf den Weg brachte. Mitte der Sechzigerjahre entwickelte er den Berner Nylon-Dübel, der zu einem der großen Erfolge der Firmengeschichte werden sollte.

Erdacht oder auch ertüftelt hatte Albert Berner diesen Verkaufsschlager – er soll wohl mehrere hunderte Male verkauft worden sein – während eines verregneten Urlaubs im Salzburger Land in seinem Hotelzimmer: »Ich saß in meinem Hotel und dachte nach. Ich habe mich an der Natur orientiert – wie machen es die Tiere, was macht der Specht – und da habe ich mich hingesetzt und gemalt. Und dann kam ich auf die Idee.«[15]

Ganz besonders gefreut hat sich der Erfinder und Namensgeber dieses Dübels über eine Anerkennung des hinsichtlich der Zahl seiner angemeldeten Patente erfolgreichsten deutschen Erfinders: »Mein Dübel hat sogar den Fischer Senior (Arthur Fischer) beeindruckt. Da war ich richtig stolz, als der mich anrief.«[16]

Auch mit einer weiteren Innovation war er sehr erfolgreich. 1968 entwickelte er sein erstes eigenes Chemieprodukt:

Super 6. Dieses Produkt war ein Rostlöser, dazu ein Rostschutz und schnell schmieren, fetten und reinigen. Auch mit Super 6 verdiente das Unternehmen richtig viel Geld. Albert Berner in einem Interview im Juni 2022: »Chemie war und ist meine große Leidenschaft. 1968 habe ich mit ›Super 6‹ das erste eigene Chemieprodukt entwickelt. Das war ein früher Vorgänger der modernen Multifunktionslösungen, die mehrere wichtige Aufgaben mit einem Handgriff abdecken. Im Prinzip war ich der Zeit also voraus.«[17]

Die sehr stabile nationale Erfolgssträhne ermutigte Berner zum Gang über die Grenzen: Im April 1969 eröffnete er eine Firma in Belgien, der in den 70er-Jahren Niederlassungen in der Schweiz, Frankreich und Österreich sowie Dänemark, die Niederlande und Italien folgen sollten.

Auch in Frankreich, in St. Julien-du-Sault, Burgund, erwies sich Albert Berner als sozial engagierter Unternehmer, der auch auf diesem Gebiet neue Wege beschritt: Hier stellte er mehr als 100 Mitarbeiterinnen und Mitarbeiter mit Behinderungen ein, die ins ganz normale alltägliche Betriebsgeschehen eingebunden wurden. »Vor allem für das vorbildliche Projekt der Behindertenarbeitsplätze wurde Albert Berner 2004 auf Vorschlag des damaligen französischen Staatspräsidenten Jaques Chirac zum Ritter der französischen Ehrenlegion ernannt.«[18] Die Ehrenlegion ist die ranghöchste Auszeichnung Frankreichs. Damit noch nicht genug: Seit Ende des Jahres 2008 heißt die Straße, in der sich das Unternehmen befindet Rue Albert Berner.

Bei allen internationalen Aktivitäten blieb Berner auch auf dem Heimatmarkt erfolgreich aktiv: Mit der BTI

Befestigungstechnik gründete er 1972 in Ingelfingen eine zweite Firma, die noch heute zu den führenden Spezialisten im Bereich Brandschutz zählt. Die BTI Befestigungstechnik GmbH & Co. KG gründete 1997 ein Tochterunternehmen in Spanien und übernahm im Juli 2010 die Udo-Bär-Unternehmensgruppe mit Sitz in Duisburg.

Ehrgeiz, unternehmerischer Mut und Weitsicht standen Pate, als Berner 1974 die Firma Hsin Ho, eine Fabrik für Schrauben und Befestigungsteile, in Taiwan, übernahm und damit neben Händler auch Produzent wurde.

Einer sinnvollen und wiederum zukunftsgerichteten strategischen Überlegung folgend, gründete Berner 1983 die Berner Holding sowie eine Reihe neuer Auslandsniederlassungen, die für zusätzliches Wachstum sorgten, was den Neubau in Künzelsau-Garnsberg erforderlich machte.

Mit der friedlichen Revolution in der DDR und der Wiedervereinigung Deutschlands, dem damit einhergehenden Fall des Eisernen Vorhangs und dem deutlich wachsenden D-Markt ergaben sich neue Chancen und Perspektiven für die westdeutschen Unternehmen, die auch Albert Berner unverzüglich entschlossen zu nutzen wusste: Schon 1990 realisierte er die Gründung von Berner Ungarn und erweiterte mit 20 Mitarbeitern seine Vertriebstätigkeiten ab 1995 auch in Tschechien, um im osteuropäischen Raum präsent zu sein. Polen, Lettland und Litauen folgten; der Eintritt in den russischen Markt erfolgte über ein Joint Venture. Dies geschah, ohne Westeuropa aus dem Blick zu verlieren: Noch vor der Jahrtausendwende »begrüßte Berner auch Portugal und Spanien in der Unternehmensfamilie.«[19]

Eine Folge dieser strategischen Expansionen: Der Umsatz der Berner Holding überschritt im Jahr 2000 die Grenze von einer Milliarde D-Mark; nach Firmenangaben »einer der größten Meilensteine in der Unternehmensgeschichte.«[20]

Zwei Jahre zuvor hatte sich Albert Berner im Mitarbeitermagazin zum ersten April 1998 als Vorsitzender der Geschäftsleitung von seinen Mitarbeitern verabschiedet, den Posten des Beiratsvorsitzenden übernommen und die neue Geschäftsleitung vorgestellt. Ende desselben Jahres erkrankte er schwer, so schwer, dass er für Wochen ins künstliche Koma verlegt werden musste. Es sollte fast zehn Jahre dauern, bis er wieder ganz der Alte war.

Die positive Entwicklung des Unternehmens während der unfreiwilligen Auszeit seines Gründers kennzeichnete die komplette Übernahme der traditionsreichen Marke Caramba im Jahr 2006, nachdem Berner seit 2002 schon zur Hälfte an diesem Unternehmen beteiligt war. Die Deutschen Standards nahmen diese Marke 2007 in ihre Reihe der Marken des Jahrhunderts auf. Albert Berner dazu: »Caramba, das war mein Lebensziel, ich wollte es haben und es hat geklappt. Und jetzt machen wir was draus!«

Dazu gehört auch, immer wieder innovative Produkte im Chemiebereich zu entwickeln. Ein zusätzlicher Schritt in diese Richtung war die Übernahme der Tegee-Chemie in Bremen im August 2007. »Tegee ist heute Marktführer bei der Chemie für Kfz-Waschanlagen. Zu deren Produktprogramm gehören aber unter anderem auch Spezialitäten wie Reinigungschemie für Tankanlagen. Seit 2008 hat Berner darüber hinaus eine Mehrheitsbeteiligung an der österreichischen

Chemiefirma Christian Maurer, einem Vertriebspartner von Tegee.«[21]

Chemie wurde zunehmend zu einem zentralen Feld bei Berner: Die Berner Group stockte 2019 ihre Forschungs- und Entwicklungskapazitäten kräftig auf: »Herzstück ist die Einrichtung eines zentralen Chemielabors für Berner, das jetzt bei der Schwesterfirma Caramba in Duisburg eröffnet worden ist. Unter fachlicher Leitung internationaler Produktingenieure arbeitet der Großhändler in dem Lab am Rhein ab sofort an innovativen Lösungen für seine Kunden in mehr als 20 europäischen Ländern.«[22]

Mit all diesen Aktivitäten war und ist Berner ein Paradebeispiel für die erfolgreichen deutschen Familienunternehmen: Ständiges Innovieren, fortschreitende Internationalisierung, Mitarbeiterwertschätzung, enge Kundenbeziehungen und nicht zu vergessen: hohe Eigenkapital-quote sowie weitgehende Unabhängigkeit von Banken: »Wir brauchen keine Bank für unser Wachstum«, sagte Albert Berner dem manager magazin.[23]

Bei allen überzeugenden Erfolgen von Berner blieb und bleibt es bis heute nicht aus, dass in den Medien immer wieder Vergleiche zwischen den Unternehmen der beiden ehemaligen Klassenkameraden Würth und Berner angeführt werden. Im manager magazin erklärte Albert Berner unter der Artikelüberschrift »Der ewige Zweite« 2005: »Bestehen gegen Würth ist kein Thema. Unser Hauptkonkurrent ist nicht Würth, sondern der Eisengroßhandel« und verwies zudem auf »auf ein Wort unter Männern, das gilt: Würth nimmt keine Berner-Mitarbeiter und umgekehrt.«[24]

Die Jahre um das 50-jährige Firmenjubiläum waren gekennzeichnet von einer Eigenkapitalquote um die 50 Prozent, die Erweiterung des Logistikzentrums am Standort Künzelsau sowie dem stärksten Wachstum seit Jahren, worauf der längst in den Aufsichtsrat als dessen Vorsitzender gewechselte Gründer und der Vorstandsvorsitzende Jörn Werner mit berechtigtem Stolz verweisen konnten.

Natürlich spielte auch Albert Berner in seinem Unternehmen ebenso wie seine beiden Klassenkameraden Würth und Sturm in ihren Unternehmen über Jahrzehnte die entscheidende Rolle, aber auch er war sich immer der Bedeutung seiner Mitarbeiter und Mitarbeiterinnen sowie seiner Kundschaft für den Unternehmenserfolg bewusst. »Die Mitarbeiterinnen und Mitarbeiter sind Herz und Rückgrat unseres Erfolgs«, so Berner in einem jüngst geführten Interview, in welchem er auch die Bedeutung der Kundennähe hervorhob: »Der Direktvertrieb lebt von persönlichen Beziehungen. Sie müssen den Puls des Marktes ständig fühlen, regelmäßig mi Kunden sprechen und dabei vor allem auch genau zuhören. Sonst können Sie nicht erfolgreich sein.«[25]

Zu Beginn der 2010er-Jahre stand eine der größten Herausforderungen an, der sich alle Familienunternehmen gegenübergestellt sehen und deren erfolgreiche Lösung nur wenigen so gut gelingt wie Berner: die Nachfolgeregelung in der Familie. Hier zeigte sich die klug-vorausschauende wie strategisch langfristig angelegte Unternehmenspolitik von Albert Berner. Fair und offen hatte er Jörn Werner bei dessen Berufung auf den Vorstandsvorsitz gesagt, dass Sohn Christian eines Tages der Chef werden würde. 2012 reichte der Gründer das Zepter weiter an seinen Sohn Christian A. W. Berner, der mit damals gerade einmal 28 Jahren zu den jüngsten CEOs in Deutschland gehörte. Zu diesem Zeitpunkt knackte die Berner Group die Umsatzmilliarde nun auch in Euro; ein weiterer beeindruckender Meilenstein in der Firmengeschichte.

Christoph Kapalschinski kommentiert dies auch folgendermaßen: »Die Erwartungen an Christian Berner waren hoch: Der Sohn sollte das Lebenswerk des Gründers retten ... Beim Führungswechsel ... hatten nicht alle Vertriebsmitarbeiter eine E-Mail-Adresse, der Außendienst litt unter sehr hoher Fluktuation. Gleich-zeitig brauchte es im Schnitt drei Jahre, um einen qualifizierten neuen Mitarbeiter ins ländliche Künzelsau zu locken. Zudem arbeiteten etliche Gruppenunternehmen nicht profitabel und gefährdeten so langfristig das Familienunternehmen. Der junge Nachfolger hat die Situation gedreht. Berner hat seitdem nicht nur die Bereitschaft bewiesen, die Gruppe ins digitale Zeitalter zu führen, sondern ›auch eine klare Haltung, wie sich das bewerkstelligen lässt‹ , lobte die KPMG-Vorständin Vera-Carina Elter bei einer Veranstaltung des Handelsblatts für vorbildliche Unternehmensnachfolger. Berner scheute dabei keine Konflikte, verlegte sogar einen Großteil der Firmenzentrale aus dem abgelegenen Künzelsau nach Köln – obwohl sein Vater im Heimatort Ehrenbürger ist.«[26]

Ein Paukenschlag! Begründung: Am neuen Standort sollen mehrere für die Transformation und die Digitalisierung des Unternehmens notwendige Schlüsselbereiche aufgebaut werden.

Der junge CEO wusste um seine Zweifel. Ganz offen und nüchtern räumte er ein: »Ich wusste für mich: Wenn die Nachfolge schiefgeht, kann ich mich als Nächstes in Kasachstan bewerben, weil mir in Deutschland niemand mehr Verantwortung geben wird. Die Angst hat mich begleitet.«[27]

Christian Berner: »Für mich war es ein sehr schwerer Moment, meinem Vater zu sagen: Die Basis deines Erfolges ist nicht mehr die Basis unseres Erfolges.«[28] Letztlich habe ihm der Vater, was sehr für diesen spreche, aber schweren Herzens den nötigen Freiraum gewährt.

Die mit dieser einschneidenden Maßnahme von Christian Berner angestrebten Erfolge bleiben bis heute nicht aus: »Heute«, so ist der aktuellen Website von Berner zu entnehmen, »ist die Berner Group ein erfolgreiches, dynamisches und internationales Handelsunternehmen, das seinen Kunden gut 230.000 Artikel bietet. Über 8.500 Mitarbeiter arbeiten für die Berner Group in 25 Ländern.«[29]

Alles geordnet, alles gut also bei Berner – so sieht es auf jeden Fall der Unternehmensgründer Albert Berner, der »felsenfest davon überzeugt ist, dass das Unternehmen bei Christian in guten Händen ist.«[30]

Albert Berner, er startete mit 3.000 D-Mark und einem Auto

Gerhard Sturm, ebm-papst-Gruppe

Weder war er so jung wie seine beiden ehemaligen Klassenkameraden Reinhold Würth und Albert Berner, als diese ihre Unternehmen übernahmen bzw. gründeten, noch war er bei der Übernahme oder Gründung alleine auf weiter Flur, aber auch er schuf aus sehr kleinen Anfängen ein Unternehmen von Weltgeltung: Gerhard Sturm, Pionier auf dem Gebiet der Ventilatoren, ausgezeichnet mit der Dieselmedaille, der höchsten Auszeichnung für Erfinder, was ihn in eine Reihe stellte mit zum Beispiel Claude Dornier, Wernher von Braun und Felix Wankel, und eben auf Umwegen der Gründer von ebm-papst.

Geboren und aufgewachsen als drittes von fünf Kindern im Künzelsauer Ortsteil Nagelsberg, war Gerhard Sturm noch keine fünf Jahre alt, als der Zweite Weltkrieg begann, wodurch er eine harte Kindheit durchlebte. Nach seinen eigenen Aussagen hatte die Familie trotz des Lebens auf dem Bauernhof nicht genügend zu essen und musste zeitweise sogar hungern.

Es stand also keineswegs an seiner Wiege, dass er dereinst einmal zu einem höchst erfolgreichen Unternehmensgründer bis hin zum Weltmarktführer aufsteigen würde. Nein, Pfarrer, katholischer Pfarrer, sollte er, dieses dritte von fünf Kindern eines Landwirts und Bürgermeisters der Gemeinde Nagelsberg bei Künzelsau, werden. Der Ortspfarrer hatte den Jungen als Ministrant beobachtet, ihn dabei kennen- und schätzen gelernt, und deshalb seinen Eltern dieses Berufsziel für ihren Junior mehr vorgegeben als vorgeschlagen.

Gerhard Sturm rückblickend in einem Interview hierzu: »Ich sollte erst mal zur Schule gehen und dann katholischer Pfarrer werden. Ich war Ministrant und habe Latein gelernt. Mein Weg war vorgegeben, aber dann wollte ich nicht mehr. Ich habe gesehen, wie der Pfarrer lebte. Das war für mich so eine Art Isolationshaft.«[1] Aus dem Pfarrer konnte letztlich auch der äußeren Umstände halber nichts werden, weil Schüler Gerhard die Oberschule vorzeitig nach vier Jahren 1949 verlassen musste, denn wie auch bei vielen anderen Familien in dieser Zeit fehlten auch bei den Sturms die Mittel für das seinerzeit noch anfallende Schulgeld.

Also nicht Pfarrer, nicht Oberschule, sondern eine Lehre stand nun für Gerhard Sturm an. Diese absolvierte er in einer Maschinenfabrik in Esslingen; Techniker war jetzt das Berufsziel des jungen Gerhard Sturm: »Ich habe nach der Schule erst einmal eine technische Ausbildung gemacht, die drei Jahre habe ich im Lehrlingsheim gewohnt. Das war hart für einen Bub mit 14 Jahren. Einmal im Monat konnte ich nach Hause. Dann ging ich wieder nach Künzelsau und begann, bei meinem Mentor Heinz Ziehl zu arbeiten.«[2]

Die angesprochene Härte der Ausbildung ging nicht nur mit Vier- und Sechsbettzimmern im Esslinger Heim, sondern auch mit den damals noch üblichen Erziehungsmethoden Ohrfeigen und Schlägen einher.

Reinhold Brütting: »Mit vier Mark pro Woche und ohne finanzielle Unterstützung aus Nagelsberg muss Sturm – wie viele seiner Kollegen im Esslinger Lehrlingsheim – erfinderisch sein. ›Mit der Filder-Straßenbahn sind wir meist schwarzgefahren. Wenn ein Kontrolleur kam, sind wir schnell abgesprungen.‹ Aber auch Nachbars Kirschen und Äpfel waren vor den Lehrlingsbuben nicht sicher. Und bei 80 Pfennig Kinoeintritt bleibt dem 15-jährigen Gerhard Sturm keine andere Wahl, als sich mit der Masse ins Kino zu drängen, um die Filme seiner damaligen Leinwandhelden John Wayne oder Errol Flynn nicht zu verpassen.«[3]

Sein Vater hatte ihm schließlich die Rückkehr nach Hohenlohe dadurch ermöglicht, dass er ihn Heinz Ziehl vorstellte, den der Herr Bürgermeister aufgrund seiner Mitgliedschaft im Gemeinderat persönlich kannte. Ziehl nahm den Jungen in seinem Unternehmen Ziehl-Abegg auf.

Dessen Ursprung lag 1910 in Berlin: Emil Ziehl hatte in diesem Jahr mit einem Schweden, einem Herrn Abegg, eine Elektromotorenfirma gegründet. Diese baute Motoren für Zeppeline und für die kaiserliche Marine. Die Besonderheit dabei: Ziehl-Abegg setzte auf Außenläufermotoren, die »so gut wie wartungsfrei, kleiner, besser sind.«[4]

Bis zum Zweiten Weltkrieg waren diese Außenläufer eine durchgängige Erfolgsgeschichte, aber wegen der Bombardements war danach nichts mehr wie vorher, ein Neuanfang war notwendig geworden. Einen solchen versuchten die Söhne von Emil Ziehl, Heinz und Günther, zunächst in Bayern, ehe sie nach einer An- und Aufforderung der Firma Stahl ins Hohenlohische zogen.«[5]

Reinhold Brütting: »Als Gerhard Sturm im August 1952 mit knapp 18 Jahren bei Ziehl-Abegg beginnt, ist das für ihn ›fast ein Kulturschock‹. Er kommt aus wohlgeordneten Verhältnissen in einen Betrieb, in dem es noch viel zu regeln und zu organisieren gibt. Er arbeitet zunächst im Gehäusebau, zeigt seinen Kollegen, wie man Motorgehäuse perfekt schweißt. Nach einigen Jahren leitet er die Gehäusebauabteilung. Später kommt die Dreherei hinzu. ... Gerhard Sturm ist ehrgeizig und besucht deshalb in den Jahren 1956 und 1957 neben der Arbeit im Betrieb die Meisterschule in Heilbronn. Ziehl-Abegg stellt ihm für die wöchentliche Fahrt einen VW zur Verfügung. Schon mit 23 Jahren legt Gerhard Sturm – mit Sondergenehmigung – die Meisterprüfung ab ... Nach der Meisterprüfung peilt Gerhard Sturm bereits sein nächstes Ziel an – die Ingenieurschule in Esslingen.«[6]

Die Aufnahmeprüfung schaffte er nicht, da diese einen ihm vorher nicht mitgeteilten Bestandteil beinhaltete, auf den er sich deshalb nicht hatte vorbereiten können. Ein Kratzer, mehr nicht, kein wirklicher Schaden, denn Ziehl hatte längst das Potenzial von Sturm erkannt und ihm die technische Leitung von Werk 2 angeboten, in welchem die Kleinmotorenfertigung stattfand.

Heinz Ziehl, väterlicher Freund und Mentor von Gerhard Sturm, war es schließlich auch, der gesagt haben soll: »Wir machen 300 Millimeter und größer, den Rest soll wer anders machen.«[7]

Und hier nun kam Gerhard Sturm als eigenständiger Unternehmer ins Spiel. Heinz Ziehl und Gerhard Sturm waren sich einig darüber, dass die Produktion und Entwicklung der Kleinmotoren innerhalb von Ziehl-Abegg nicht rentabel war und hatten die Idee, diese auszulagern und eine neue Firma zu gründen. Sie wandten sich mit ihrem Vorschlag an Günther Ziehl, der aber dagegen war. Die Brüder Ziehl waren jedoch vertraglich aneinander gebunden. Heinz Ziehl und

Gerhard Sturm waren überzeugt und entschlossen und schließlich willigte Günther Ziehl unter der Bedingung einer Beteiligung ein: Mit Maschinen und 35 Mann von Ziehl-Abegg ging Sturm nach Mulfingen.

Das Geld kam von den drei Gesellschaftern Gerhard Sturm, Heinz Ziehls Tochter Jutta und Günther Ziehls Tochter Silke, die zusammen zu je gleichen Teilen ein Stammkapital von 210.000 DM einlegten. Sturm hatte sich zuvor für den notwendigen Grundstückserwerb von seinem Stiefbruder Hermann 100.000 D-Mark geliehen. »Von einer Bank hätte ich das Geld nie und nimmer bekommen«, war und ist sich Gerhard Sturm bis heute sicher.

Warum fiel die Wahl ausgerechnet auf Mulfingen, das fernab liegt und sich in *the middle of nowhere* befindet? Drei Gründe waren dafür ausschlaggebend: Im industriell unberührten Jagsttal gab es anders als im durch Ziehl-Abegg, Stahl und Würth leergefegten Kochertal noch ein beachtliches Arbeitskräftereservoir, zweitens betrieb Ziehl-Abegg im alten Mulfinger Kindergarten bereits eine Handwickelei mit elf Mitarbeiterinnen, und nicht zuletzt stammte Gerhard Sturms Mutter aus Mulfingen.

Gerhard Sturm erlebte dann jedoch erst einmal das Gegenteil von dem, was heute einem Gründer, der gleich mit einer ordentlichen Mannschaft und obendrein noch mit einem vorzeigbaren Eigenkapital einen Standort sucht, widerfahren würde: Der örtliche Gemeinderat stimmte nach langer Diskussion und erst nach erheblicher notwendiger Überzeugungsarbeit letztlich nur mit ganz knapper Mehrheit für die Ansiedlung. Auch die damalige Landesregierung rollte nicht etwa den roten Teppich aus, sondern zeigte sich wenig begeistert von den Ansiedlungsplänen: Statt Ausreichung heute üblicher Fördermittel für eine Ansiedlung im strukturschwachen Raum konfrontierte sie Sturm mit aus heutiger Sicht weder vorstell- noch nachvollziehbaren Auflagen.

Manfred Wittenstein: »Als Gerhard Sturm 1963 seine Firma Elektrobau Mulfingen, kurz: EBM, gründete, war Mulfingen ein Weiler mit einigen Bauernhöfen und das umliegende Jagsttal überwiegend landwirtschaftlich geprägt. Die Gegend nordöstlich von Heilbronn hatte keine nennenswerte Infrastruktur oder Industrie, und für die Menschen gab es kaum Aufstiegschancen. Dennoch musste Sturm bei seiner Unternehmensgründung sogar gegen den Widerstand des baden-württembergischen Landwirtschaftsministeriums kämpfen. Die Herren im Amt befürchteten einen zu starken Abzug der Arbeitskräfte aus der Landwirtschaft und intervenierten bei den Kollegen vom Wirtschaftsministerium gegen die Gründung des Industriebetriebs. Als Kompromiss einigte man sich schließlich darauf, dass EBM nicht mehr als 85 Mitarbeiter beschäftigen durfte.«[8]

Gerhard Sturm hatte diese Verhandlungen der beiden zuständigen Minister – Eduard Leuze war Wirtschafts-minister, Eugen Leibfried Landwirtschaftsminister – im baden-württembergischen Wirtschaftsministerium live miterlebt und kam dabei kräftig ins Schwitzen: Die Mauern seines Fabrikgebäudes waren bereits errichtet – was man in Stuttgart zum Glück nicht wusste!

Das waren noch Zeiten, diese frühen 1960er-Jahre: Bundeskanzler Konrad Adenauer hatte nach längerem Drängen aus den eigenen Reihen nach 14 Jahren Kanzlerschaft sein Amt an Ludwig Erhard weitergeben müssen, das ZDF ging erstmals auf Sendung, die Fußballbundesliga startete mit der Saison 1963/64 ihren Spielbetrieb, das aktuelle Sportstudio kam via TV in die Wohnzimmer, das Grubenunglück von Lengede erschütterte die Republik, die »Ansichten eines Clowns« des späteren Literaturnobelpreisträgers Heinrich Böll erschienen, und der US-amerikanische Präsident John F. Kennedy begeisterte bei seinem Westberlin-Besuch mit seinen berühmt gewordenen Worten »Ich bin ein Berliner« ganz Westdeutschland, dem es im wirtschaftlichen Aufschwung ganz gut ging und das auch ein wenig stolz auf sich war – die Bundesrepublik schien in Bewegung, nur offensichtlich in Hohenlohe war man von Stuttgart gesteuert noch etwas hintendran.

Gerhard Sturm erzählte, dass er die ministeriell verordnete Mitarbeiterzahlbeschränkung »lässig unterschrieben habe, weil ich dachte, das wird in zehn Jahren oder so relevant.« Die Wachstumsgrenze war aber schon nach zwei Jahren erreicht. Und jetzt zeigte man sich auch im Stuttgarter Landwirtschaftsministerium beweglich: Die Landwirtschaft geriet in eine tiefe Krise, und bei den ministeriellen Hütern des Agrarsektors war man froh über jeden Industriearbeitsplatz.

ebm wuchs rasch nicht nur im Inland, sondern auch im Ausland: Ende 1965 belieferte ebm die Firma Neff in Bretten, Scholtes in Thionville (Frankreich) sowie Christou & Elizier in Griechenland. Damit waren die ersten Schritte in den Export gegangen, der Anfang der Internationalisierung gemacht.

Weder Gemeinde noch Landesregierung erhoben von da an noch Einwände gegen Neubauten und zunehmende Mitarbeiterzahlen; es sollten ja auch beide von dem steigenden Steueraufkommen profitieren!

Das frühe Wachstum war jedoch nicht nur ein Segen, sondern es war von beträchtlichen Anfangsschwierigkeiten begleitet, deren Ursachen gar nicht so leicht zu finden waren. Es gab schmerzhaft teure Ausfälle bei den Wicklungen der Motoren, und lange wusste niemand, woran dies lag.

Gerhard Sturm: »Es dauerte ziemlich lange, bis schließlich irgendeiner zufällig darauf kam, dass die Arbeiterinnen mit ihren von der jahrelangen Feldarbeit rau gewordenen Händen beim Wickeln den Lack von den feinen Kupferdrähten abgekratzt hatten. Nach einigen Monaten hatte sich das Problem von selbst gelöst, weil die Haut der Landfrauenhände zarter geworden war.«[9]

Manfred Wittenstein: »Der Durchbruch für ebm kam zwei Jahre nach Gründung mit dem Großauftrag eines Herstellers von Dunstabzugshauben, der sensationelle 500.000 Lüfter bestellte. Das junge Unternehmen meisterte die Herkulesaufgabe und entwickelte sich in den Folgejahren rasant, erst im inländischen und auch im ausländischen Markt.«

»Ohne den bewundernswerten Fleiß und Einsatz unserer Mitarbeiter hätten wir dieses Wachstum niemals erreicht«, sagt Gerhard Sturm. »Und ohne diese gemeinsame Streben nach ganz vorn wäre Mulfingen ein armseliges Bauerndorf fernab von Fortschritt und Wohlstand«, so der stolze Gründer in der Rückschau weiter.«[10]

Dem von Wittenstein geschilderten Durchbruch 1965 folgte im darauffolgenden Jahr 1966 prompt eine geradezu existenzielle Krise: Die Eisenwerke Gaggenau und die Firma Neff reklamierten regelmäßig Ventilatoren, die bereits nach kurzer Zeit klapperten. Auch mehrere Veränderungen und Nachbesserungen vermochten das Problem nicht zu lösen. Es bestand die Gefahr, zwei wesentliche Großkunden zu verlieren. Gerhard Sturm bot den beiden wichtigen Kunden den neu entwickelten Motortyp 68 an, verpflichtete sich zu einer vierjährigen halsbrecherischen Garantie mit weiteren Sonderkonditionen; kurz: Er setzte alles auf eine Karte – und erlebte eine Sternstunde: Der neue Motor bewährte sich, stellte die Kunden zufrieden und wurde mehr als 150 Millionen Mal verkauft.

Gerhard Sturm mag vielleicht vor und bis zur Gründung hin und wieder ein Getriebener gewesen sein, mit erfolgter Unternehmensgründung und wie hier bewiesenem unternehmerischen Mut wandelte er sich dann aber rasch zu einem Vollblutunternehmer, zu einem Treiber, der auf Innovationen setzte und sich weitblickend auf den Märkten umschaute, um die sich ihm national wie international bietenden Wachstumschancen zu ergreifen.

Der späte Gründer wusste stets, worauf es im harten Wettbewerb ankam: Seine Leitlinie lautete zeitlebens: »Jedes neu entwickelte Produkt muss seinen Vorgänger ökologisch und ökonomisch übertreffen« – getreu der für zahlreiche Weltmarktführer geltenden Maxime hinsichtlich der Notwendigkeit von Innovationen: »Jeden Tag ein wenig besser werden« und »schneller sein als die Konkurrenz«. Dabei setzte Sturm neben Ideenreichtum und Geschwindigkeit auch immer auf Fairness: »Ein einfacher und fairer Umgang ist der Maßstab unseres Handelns.«

Genau diese Fairness, dieser anständige Umgang selbst mit Konkurrenten, erst recht aber mit Kunden, zeichnet Eigentümerunternehmer wie Gerhard Sturm aus; Beispiel: Ausgerechnet die Eisenwerke Gaggenau, mit denen es kurzzeitig Probleme gegeben hatte, litten Ende 1967 unter beträchtlichen Liquiditätsproblemen.

Reinhold Brütting: »Das Unternehmen hat bei ebm Außenstände von rund 700.000 Mark – für den Ventilatorenhersteller damals eine Riesensumme. Soll ebm den Betrag mit allen Mitteln einfordern? Auf Anraten eines Bankers hielt ebm still. »Wir gingen damit natürlich ein großes Risiko ein, aber andererseits hätten wir mit großer Wahrscheinlichkeit zum Konkurs des Kunden ganz erheblich beigetragen«, so Gerhard Sturm«. Diese Stillhaltetaktik hat sich ausgezahlt: Gaggenau wurde zu einem Superkunden von ebm.[11]

Die innovativen Produkte der Elektrobau Mulfingen, ebm, waren früh auch schon im Ausland begehrt, was Gerhard Sturm ebenso beherzt wie mutig vorausschauend zur Expansion nutzte: 1978 lag der Exportanteil bereits bei 40 Prozent; in 27 Länder lieferten die Mulfinger ihre Lüfter und Motoren. Sichtbares Zeichen der Internationalisierung: Am ersten April 1978 gründeten Ziehl-Abegg und ebm die Firma Ziehl Italiana.

Frühe Internationalisierung und von Beginn an das kontinuierliche Streben nach Innovationen – im August 1967 meldete das Unternehmen sein erstes Patent an – waren demnach auch für ebm die Voraussetzungen für den Weg an die weltweite Spitze der Ventilatorenhersteller. Mit Innovationen zur Energieeinsparung beschritt die ebm als eine der ersten Unternehmen in ihrer Branche den Weg zur Nachhaltigkeit, was in den folgenden Jahren nicht nur ein Markenzeichen von ebm, sondern zu einer Schrittmacherfunktion für die Industrie insgesamt werden sollte.

Herausragenden unternehmerischen Mut, Standfestigkeit und Zuversicht bewies Gerhard Sturm auch 1981, als er während der massiven Rezession in Deutschland mit dem Bau von Werk 2 in Niederstetten für seine Mitarbeiterinnen und Mitarbeiter ein Zeichen für Optimismus und Arbeitsplatzsicherung setzte. Ein weiteres positives Signal hinsichtlich der Zukunftsfestigkeit von ebm sandte Gerhard Sturm am ersten Mai desselben Jahres in die Welt: Er gründete in den USA die ebm-Vertriebsgesellschaft ebm Industries Inc.

Ein Ministertreffen 1982 auf dem ebm-Stand auf der Hannover Messe unterstrich eindrucksvoll, dass man auch in der hohen Politik auf das rasant aufgestrebte und höchst innovative Unternehmen auf seinem Weg zur Weltgeltung im fernen Jagsttal aufmerksam geworden war, und machte diesem seine Aufwartung: Ministerpräsident Lothar Späth, Landeswirtschaftsminister Rudolf Eberle und Bundesforschungsminister Andreas von Bülow kamen an den Messestand, um damit eindrucksvoll ihre persönliche Anerkennung für ebm zum Ausdruck zu bringen.

Einen gewaltigen Meilenstein in der Geschichte des Unternehmens verzeichnet die Unternehmenschronik für das Jahr 1992.

Reinhold Brütting: »Nach einem Verhandlungsmarathon übernimmt ebm im August mit der Firma Papst den größten Wettbewerber. Papst behält ein Höchstmaß an Freiraum: Entwicklung, Verwaltung mit Geschäftsführung und Vertrieb sowie die Produktion bleiben in St. Georgen. Das Papst-Werk in Herbolzheim soll gestärkt werden, mittelfristig ist die Verlagerung von Teilbereichen der Mulfinger Kompaktventilatoren-Produktion ins Rheintal geplant. EBM nutzt umgehend den ungarischen Papst-Produktionsstandort bei der Firma Cellcomp in Celldömölk zur Bestückung von Leiterplatten mit elektronischen Bauteilen.«[12]

Die Übernahme von Papst war sinnhaft und folgerichtig, aber nicht ohne, denn 25 Jahre davor lagen beide Unternehmen noch in einem heftigen Clinch: 1968 auf der Hannover Messe hatte Papst Gerhard Sturm noch vorgeworfen, dessen Produkte nachzubauen, was der Gescholtene kühl mit dem Hinweis gekontert hatte, dass Papst auf seine Produkte kein Patent habe.

Insgesamt ein höchst bemerkenswerter und cleverer Schachzug, der die hohen unternehmerischen Fähigkeiten von Gerhard Sturm belegte. Und wie nicht anders zu erwarten, reichte ihm dies nicht aus, sondern er verfolgte genau die Entwicklung in Ungarn: Nach aufmerksamer Beobachtung und Prüfung gründete er 1995 die Hungary Kft.

Europa fest im Blick, Asien am Horizont im Visier: Im Mai 1995 streckten die Geschäftsführer von ebm ihre Fühler nach China aus; noch aber hörten sie auf die Warnungen vor Joint Ventures im Reich der Mitte. Selbstbewusst und mit mehr als 2.000 motivierten und engagierten Mitarbeiterinnen und

Mitarbeitern in Mulfingen und Niederstetten im Rücken, ließen sie sich nicht lange von den riesigen Märkten in Asien fernhalten: 1996 wagten sie den Sprung nach Asien und eröffneten sowohl im indischen Madras als auch im chinesischen Singapur jeweils ebm-Niederlassungen.

1997 folgte Südkorea, wo es am 14. April 2005 zu einem ganz besonderen Auftritt Sturms im Rahmen der ebm-papst-Korea-Zeremonie kam. Nach seiner Rede vor hochrangigen Vertretern aus Politik und Wirtschaft in einem Hotel in Seoul bat ihn der perfekt Deutsch sprechende ehemalige Vizepräsident des Parlaments um einen Gefallen: Er liebe wie alle Koreaner die deutsche Musik. Sturm möge doch bitte ein deutsches Volkslied singen. Gerhard Sturm, Mitgründer und Mitglied im Mulfinger Gesangverein, entschied sich für »Sah' ein Knab ein Röslein stehn« – gedichtet von Goethe, komponiert von Schubert – was den ehemaligen Vizepräsidenten und früheren Botschafter in Deutschland begeisterte, denn er kannte das Lied – und begleitete Sturm spontan auf dem Klavier. Die Begeisterung der Anwesenden war nicht zu übertreffen; auch so machte Sturm (glänzende) Geschäfte!

Auch wegen seiner im Markt national wie international aufmerksam registrierten und bewunderten Unternehmenserfolge spielte Gerhard Sturm längst auf Augenhöhe mit den großen Playern – und nicht nur das: Er kaufte Teile von diesen zum eigenen Wachstum auf. Alcatel SEL, in den 1960er- und 1970er-Jahren noch unter den zehn größten deutschen Unternehmen, war auch aufgrund von gravierenden Managementfehlern in den 1990er-Jahren in Schwierigkeiten geraten. Mitte dieses Jahrzehnts – es arbeiteten dort noch immer ca. 13 800 Menschen – kam es zu Werksschließungen und zum Verkauf einzelner Standorte. Sturm griff zu. Reinhold Brütting: »Am 12. September 1997 übernimmt ebm sämtliche Geschäftsanteile der Motoren und Lüfter Landshut GmbH von der Alcatel SEL AG … ebm will den Standort Landshut mit 600 Mitarbeitern und 120 Millionen D-Mark Umsatz sichern und ausbauen. Er wird ein selbständiges Unternehmen innerhalb der ebm-Gruppe mit eigenem Produkt- und Produktionsprogramm, eigener Entwicklung und eigenem Management.«

Diese Übernahmen von zwei großen Konkurrenten in den 1990er-Jahren bestimmten das vierte Jahrzehnt der Unternehmensgeschichte: Sie wurden zu einem Segen für alle Beteiligten: »In relativ kurzer Zeit gelingt es, die Firma Papst im Schwarzwald und die Firma mvl in Niederbayern zu stabilisieren und neue Wachstumsimpulse auszulösen. Alle drei Unternehmen profitieren voneinander. Die logische Konsequenz ist ein gemeinsamer Name und ein gemeinsames Logo: ebm-papst. Dass die Unternehmensgruppe funktioniert, lässt sich auch am Umsatz ablesen, der sich in zehn Jahren glatt verdreifacht – trotz »dotcom-Krise und mächtiger Konkurrenz aus Fernost. Nur durch die ergänzende Produktion in Ländern wie Ungarn, Tschechien, Slowenien und China ist dieser Erfolg möglich.«[13]

Die Kasse war ganz gut gefüllt, denn noch im selben Jahr begannen die Arbeiten am bis dahin größten Bau: Erweiterung am Heimatstandort um 12.000 qm sowie der zu klein gewordenen Kantine. Im folgenden Jahr erzielte die ebm-Gruppe erstmals eine Milliarde D-Mark Umsatz und feierte völlig unschwäbisch mit Größen aus dem Showbusiness, internationalen Gästen sowie Ministern.

Die Jahrtausendwende bescherte ebm, getrieben von den Sendeantennen für den Mobilfunk, in denen ebm-Ventilatoren mit einem Anteil von 85 Prozent steckten, sensationelle Wachstumsraten: Innerhalb eines Jahres mussten weltweit sagenhafte 1 900 neue Mitarbeiterinnen und Mitarbeiter eingestellt werden, der Umsatz in der ebm-Gruppe stieg um 27 Prozent. Die weitreichende Folgeüberlegung daraus: Die drei Unternehmen der ebm-Gruppe fasste Gerhard Sturm am sechsten Oktober 2003 zu ebm-papst zusammen: »Der neue gemeinsame Name ebm-papst soll dazu beitragen, dass wir noch mehr Produkte verkaufen, er sichert unseren Erfolg in der Zukunft.«[14]

Mit zunehmendem Umwelt-, Energiespar- und »Cradle zu Cradle«-Bewusstsein und dem Streben nach der Verwendung von nachwachsenden Biowerkstoffen erwies sich nach der Jahrtausendwende wie vorausschauend innovativ die Ingenieure und ihre Führungskräfte bei ebm Jahrzehnte zuvor dachten, planten, produzierten – und die Früchte dieser zukunftsorientierten Denke ernten konnten.

Wachstumstreiber waren frühe Innovationen wie 1989 die ersten energiesparenden Radial- und Axialventilatoren mit integrierter Elektronik. Laut Firmeninformation basieren hierauf unter anderem »die in den folgenden Jahren zur Marktreife gebrachten ebm-papst EC-Ventilatoren.«[15] Das Unternehmen entwickelte sich zu einem jener weltweit führenden grünen Unternehmen: Am 17. Juli 2008 konnte dann die hochmoderne »grüne Fabrik« in Hollenbach offiziell eingeweiht werden, die weltweite Öko-Kampagne sich zu einem vollen Erfolg entwickeln, Preise auf nationaler und internationaler Ebene eingeheimst sowie das Wachstum gesteigert werden. Awards wie der ASERCOM Energy Efficiency Award in den USA, in Australien die Auszeichnung Green Innovator oft the Year, der Elektronik Oscar, der Elektra Award sowie der Umwelttechnikpreis Baden-Württemberg motivierten ebm, voll auf GreenTech – so das 2009 eingeführte Label, das für Umweltbewusstsein in allen Bereichen steht – zu setzen, was sich nicht alleine in Verkaufserfolgen niederschlug, sondern Gerhard Sturm 2008 eine besondere Auszeichnung einbrachte: Er erhielt in München die Dieselmedaille in Gold, die höchste Auszeichnung für Erfinder, die mit ihrem Erfolg einen wichtigen Beitrag zum Wohl der Gesellschaft beigetragen haben.

Weder ebm-papst noch der Geehrte selbst ruhten sich auf diesen Lorbeeren aus, sondern warteten bald danach mit einer Sensation auf. Reinhold Brütting: »Auf der Hannover Messe 2011 zeigte ebm-papst eine absolute Weltneuheit – die Energiesparventilatoren mit einem hohen Anteil aus nachwachsenden Biowerkstoffen. Dennoch sind die Ventilatoren qualitativ genauso hochwertig, robust und langlebig wie bisher. Mit dieser Innovation gehört ebm-papst auf der Messe Materialica in München zu den Gold-Award-Gewinnern des ›Materialica Design & Technology Award‹ in der Kategorie Material.«[16]

Mit einer Weltinnovation konnte Gerhard Sturm im 50. Jubiläumsjahr 2013 auf der Hannover Messe sowohl Bundeskanzlerin Angela Merkel als auch den russischen

Präsidenten Wladimir Putin beeindrucken, die sich den Diffusor ΛxiTop vorzeigen ließen, der anteilig aus dem Biowerkstoff epylen hergestellt wurde und neben einer Energieeinsparung von 27 Prozent mit einer Geräuschreduktion um 7,2 Dezibel aufwarten konnte, was ihm eine Nominierung für den »Hermes Award« einbrachte. Innovations- und GreenTec-Treiber war stets der Gründer selbst: Über Jahrzehnte hatte Gerhard Sturm die Unternehmensleitlinie vorgegeben, dass jedes neuentwickelte Produkt seinen Vorgänger ökologisch und ökonomisch übertreffen müsse.

Die Erfolgsgeschichte von ebm-papst, seit 2005 ohne Ziehl-Abegg, setzte sich nach dem Jubiläum mit immer wieder neu markierten Meilensteinen fort. Neubauten, Erweiterungen im In- und Ausland sowie Innovation auf Innovation reihten sich ebenso wie die Umsatzsprünge – 2018 mehr als zwei Milliarden Euro – an einer Perlenkette an- und aufeinander. Mitentscheidend hierfür auch die umsichtig-kluge Personalpolitik des Ende 2007 aus der operativen Leitung seines Unternehmens ausgeschiedenen Gerhard Sturm, der weitsichtig noch die Weichen für eine gute Zukunft gestellt hatte. Dazu gehörte auch die Übergabe seines Mandats im Unternehmensbeirat am 1. August 2017 an seinen Sohn Ralf Sturm, der damit das Beiratsmandat der Familie übernahm.

Zu seinem 85. Geburtstag im Jahr 2019 durfte er, einer der großen deutschen Unternehmer der Nachkriegsgeschichte, dem ein wesentlicher Anteil an dem Aufstieg des ehemaligen Armenhauses Hohenlohe zu einer der wirtschaftsstärksten Regionen Deutschlands mitzuverdanken ist, zahlreiche Dankesworte für sein ausgeprägtes Mäzenatentum für Kultur,

Bildung und Forschung sowie für seinen fürsorglichen Umgang mit seinen Mitarbeiterinnen und Mitarbeitern entgegennehmen. Bund und Land brachten ihre Anerkennung mit ihren höchsten Ehrenzeichen wie zum Beispiel der Verleihung des Bundesverdienstkreuzes Erster Klasse und der Landesverdienstmedaille zum Ausdruck. Seine Heimatgemeinde verlieh ihm die Ehrenbürgerwürde für sein großes Engagement für Mulfingen sowie 35-jähriges erfolgreiches Wirken als Gemeinderat.

Das Unternehmen erreichte 2021/22 mit weltweit mehr als 15.000 Mitarbeiterinnen und Mitarbeitern einen Umsatz von 2,3 Milliarden Euro und setzte seinen erfolgreichen Dreiklang aus Innovation, Streben nach Nachhaltigkeit und Internationalisierung auch unter der Leitung des neuen Vorstandsvorsitzenden Klaus Geißdörfer konsequent fort.

Geißdörfer war mit dem Auftrag angetreten, den Umbau des Unternehmens voranzutreiben und die Position des Weltmarktführers bei Elektromotoren und Ventilatoren zu festigen. Im Jahr 2022 waren die Produkte von ebm-papst in den unterschiedlichsten Dingen eingebaut: in Autos, Beatmungsgeräten, Computern, Heizungen, Klimaanlagen oder auch Kühlschränken usw. Geißdörfer arbeitet mit einer kleinen Mannschaft an der Strategie für die nächsten Jahre. »Mit der Strategie ›Gemeinsam Zukunft machen‹ wollen wir den Plan für das Unternehmen aufstellen, wie es sich bis zum Jahre 2030 entwickeln soll. KI sei dabei ein wichtiges Thema des Zukunftskonzepts.«[17]

Dass dabei auch die GreenIntelligence, die dem Gründer Gerhard Sturm immer ein zentrales Anliegen war, ein wesentliches Schwerpunktthema in seinem Unternehmen bleiben wird, stellte Klaus Geißdörfer unmissverständlich klar: »Ein großes strategisches Thema ist Nachhaltigkeit. Wir müssen schneller klimaneutral werden. Dazu verpflichtet ebm-papst schon die eigne DNA.«[18]

Dass zu dieser DNA von ebm ganz zwangsläufig auch kontinuierliches Innovieren gehört, versteht sich von selbst und belegt unter anderem auch das 2022 erneut verliehene Gütesiegel »Innovativ durch Forschung« vom Stifterverband der Deutschen Wissenschaft. Mit dieser Auszeichnung werden Unternehmen geehrt, die mit einem herausragenden Engagement für Forschung und Entwicklung (FuE) auf sich aufmerksam machen. Die ebm-papst-Gruppe investiert seit vielen Jahren jährlich Zigmillionen Euro in FuE, weshalb sie zu den Seriengewinnern dieses Gütesiegels zählt. Um auch künftig Innovationsweltmeister bleiben zu können, hat ebm-papst in den letzten beiden Jahren sowohl ein neues Testzentrum für Elektromagnetische Verträglichkeit als auch ein Erprobungszentrum zur Qualifikationsprüfung von Ventilatorenlösungen fertiggestellt; aktuell wird die Elektronikentwicklung erweitert.

Zu dem Dreiklang fehlt noch die Internationalisierung. Zu den 29 Produktionsstätten weltweit kam 2022 neben einem Ausbau in China für 12 Millionen Euro ein Neubau in Telford, Tennessee, für 120 Mitarbeitende hinzu, die dort Ventilatoren und Motoren herstellen. Mit diesem Konzept Produktion vor Ort, »local for local«, möchte Geißdörfer die Georisiken möglichst kleinhalten. Auf die Frage nach seiner Zukunftsvision für Mulfingen antwortete er: »Am Standort

Mulfingen begann die Erfolgsgeschichte von ebm-papst und im kommenden Jahr feiern wir hier unser 60. Jubiläum. Daher spielt ebm-papst Mulfingen für unsere strategischen Entscheidungen stets eine besondere Rolle. Wir investieren hier, um uns zukunftsgerichtet weiterzuentwickeln. Insbesondere sehen wir große Chancen im Bereich der Digitalisierung. Mit unserem neuen Entwicklungszentrum für Elektronik schaffen wir den notwendigen Raum und die notwendige Infrastruktur dafür.«[19]

Die beeindruckende Erfolgsgeschichte von ebm-papst zeigt: Gerhard Sturm mag zwar der eher Unterschätzte und mit Sicherheit der Leiseste von den »drei aus einer Klasse« sein – aber ganz unbestritten: nicht einfach »einer von den dreien«, sondern auch er: eine Klasse für sich!

Gerhard Sturm, der »Leiseste« der drei, aber eine Klasse für sich

Die drei im Vergleich: Ansichten, Strategien, Meinungen

Wenn Sie auf Ihre lange erfolgreiche Zeit als Unternehmer zurückblicken: Welche drei Ereignisse und Entscheidungen stehen für die wesentlichsten Meilensteine in Ihrer Unternehmergeschichte?

Reinhold Würth: Erstens die Entscheidung zur Internationalisierung mit der Gründung der ersten Auslandsgesellschaft in den Niederlanden 1962, zweitens die Entscheidung, eine Sparte Würth Elektronik zu gründen, und drittens die Entscheidung, sich mit Anleihen an den internationalen Finanzmärkten zu etablieren.

Albert Berner: Wenn Sie als Inhaber ein Familienunternehmen führen, das noch dazu Ihren eigenen Namen trägt, treffen Sie jeden Tag wichtige Entscheidungen und Weichenstellungen, denn Sie handeln aus einer ganz besonderen Verantwortung heraus. Daran hat sich bis heute bei Berner nichts geändert. Wenn ich drei Ereignisse hervorheben soll, würde ich nennen:

Erstens: Die Entscheidung, Tochtergesellschaften im europäischen Ausland zu gründen. Das hat in unseren Gründerjahren ab Ende der 60er-Jahre den Grundstein für unser wirtschaftliches Wachstum gelegt. Berner Belgien war im April 1969 die erste Auslandsniederlassung. Im gleichen Jahr haben wir Standorte in der Schweiz, Österreich und Frankreich eröffnet. Frankreich ist heute unser gemessen am

Umsatz mit Abstand wichtigster Markt. Inzwischen sind wir in mehr als 20 europäischen Ländern vertreten.

Zweitens: Die Entscheidung, nicht nur günstig in Fernost einzukaufen, sondern selbst in Taiwan als Produzent Fuß zu fassen. 1976 haben wir die Fabrik Hsin Ho übernommen, die innerhalb kürzester Zeit zum Glücksgriff für uns wurde. Zumal wir so auch in den Besitz vieler Patente für Schrauben und Befestigungsteile kamen. Noch wichtig war aber: Um die Waren erfolgreich in Europa vertreiben zu können, müssen diese nach europäischen Qualitätsstandards hergestellt werden. Deshalb habe ich einen deutschen Geschäftsführer eingesetzt, der das sichergestellt hat, und persönlich regelmäßig vor Ort war.

Drittens: Die Entscheidung, das Unternehmen zum Chemiespezialisten weiterzuentwickeln. Chemie war und ist meine große Leidenschaft. 1968 habe ich mit »Super 6« das erste eigene Chemieprodukt entwickelt. Das war ein früher Vorgänger der modernen Multifunktionslösungen, die mehrere wichtige Aufgaben mit einem Handgriff abdecken. Im Prinzip war ich der Zeit voraus, zumal wir »Super 6« auch heute noch immer sehr erfolgreich vertreiben. Mit dem Kauf der Caramba Chemie Gruppe ging dann ein Traum in Erfüllung. Caramba ist eine 1903 gegründete Traditionsmarke mit unglaublicher Strahlkraft, die mich einfach fasziniert hat. Dass Berner heute zu den innovativen Herstellern im Bereich der Reinigungsspezialchemie gehört und führend auf dem Gebiet vielseitig nutzbarer »All In One«-Produkte für Kfz-Werkstätten und Profis aus dem Bauhandwerk ist, freut mich natürlich sehr.

Gerhard Sturm: Ein wichtiger Meilenstein lag für mich in den Anfängen des Unternehmens. Auf der einen Seite das zu tragende Risiko, auf der anderen Seite der unermüdliche Glaube an den Erfolg und an einen bedeutenden Markt für Ventilatoren mit kleinen Außenläufermotoren.

Ich hatte mir von meinem Bruder die damals enorme Summe von 100.000 D-Mark geliehen und mit dem Bau des ersten Betriebsgebäudes in Mulfingen begonnen. Heinz Ziehl unterstützte mich von Anfang an in meinem Vorhaben, sein Bruder Günther war zunächst gegen die Gründung von ebm. Am Ende haben sich beide Familien Ziehl mit dem Bereitstellen der ersten Maschinen und Werkzeuge an der Firma beteiligt. Äußerst prägend für mich waren zu Beginn Qualitätsprobleme und Produktausfälle, die fast die Insolvenz bedeutet hätten. Durch Produktoptimierungen hin zum heutigen 68 Motor (bis heute produziert und millionenfach verkauft) konnten diese gelöst werden.

Auch die Einschränkung des Landwirtschaftsministeriums, am Standort Mulfingen nur maximal 85 Mitarbeiter beschäftigen zu dürfen, war kritisch für das wachsende Unternehmen ebm. Im Büro des Wirtschaftsministers in Stuttgart gelang es mir, dass diese Einschränkung hinfällig wurde. Hierdurch war der Grundstein für weiteres Wachstum gelegt.

Weitere wichtige Meilensteine für mich waren unsere Werksgründungen in den USA 1980, sowie China 1996 sowie die Übernahmen der Firmen Papst in St. Georgen und mvl in Landshut gemeinsam mit meinem damaligen Geschäftsführungskollegen Thomas Philippiak.

Welchem äußeren – politischen, geopolitischen, wirtschaftlichen oder auch anderem – Umstand oder auch welcher Person verdanken Sie hinsichtlich *der positiven Entwicklung Ihres Unternehmens am meisten?*

Reinhold Würth: Am meisten hat uns die Liberalisierung der Weltmärkte und der Abbau von Handelsschranken sowie die Schaffung der Europäischen Union beeinflusst.

Albert Berner: Wenn Sie über mehrere Jahrzehnte hinweg an der Unternehmensspitze stehen, lässt sich das nicht so genau sagen. Dafür ist in der Zeit viel zu viel passiert. Die Wirtschaftswunderjahre, die Ostpolitik und die Öffnung des Eisernen Vorhangs, der Fall der Berliner Mauer, der Vertrag von Maastricht und die Gründung der Europäischen Gemeinschaft, die Einführung des Euro. Das waren prägende Umstände, die der deutschen Wirtschaft insgesamt gutgetan haben. Statt ein bestimmtes Ereignis möchte ich deshalb eine Person nennen: Ohne meine Frau Ulla wäre der Erfolg nicht möglich gewesen. Sie hat immer hinter mir gestanden und mich in all den Jahren bedingungslos unterstützt. Dafür bin ich ihr unendlich dankbar. Wir Männer meinen ja immer: Wir sind das starke Geschlecht. Tatsächlich sind die Frauen aber viel zu klug, um uns zu widersprechen, obwohl sie wissen, dass das nur bedingt stimmt und jeder Mann nur erfolgreich sein kann, wenn ihm jemand den Rücken stärkt.

Gerhard Sturm: Die Gründungszeit 1963 war eine Zeit des Aufbruchs und Ventilatoren wurden stark nachgefragt. Zügig stellte ich das noch junge Unternehmen international auf. Auch legte ich stets großen Wert auf Innovation und Weiterentwicklung unseres Produktprogramms. Positiven Einfluss auf die Entwicklung von ebm bewirkte, dass wir das Unternehmen auf mehrere Standbeine stellten, in dem wir uns nicht nur auf ein Marktsegment konzentrierten, sondern und es auf verschiedene Geschäftsfelder ausrichteten. Ich persönlich wirkte als Spielertrainer, der gemeinsam mit dem ebm-Team neue Produktlösungen vordachte und mitentwickelte. Was wichtige Personen anbetraf, danke ich meinem Mentor Heinz Ziehl für seine Unterstützung und sein Vertrauen und natürlich meiner Familie, insbesondere meiner Frau für den großen Rückhalt und die besondere Unterstützung bei der rasanten Entwicklung des Unternehmens.

Welche Bedeutung hatten für die erfolgreiche Entwicklung Ihres Unternehmens:

a) Innovationen
b) Internationalisierung
c) Kundennähe
d) Wettbewerber
e) Mitarbeitende?

Reinhold Würth: Die unten genannten Punkte haben alle positiv zur Entwicklung unserer Unternehmensgruppe beigetragen.

a) Innovationen auf allen Gebieten, sowohl bei den Produkten als auch vor allem in der Informationstechnologie.
b) Die Internationalisierung seit 1962.

c) Kundennähe durch unsere große Anzahl von Außendienstmitarbeiterinnen und -mitarbeitern.
d) Der Wettstreit mit unseren Konkurrenten war natürlich leistungsfördernd.
e) Die niedrige Mitarbeiterfluktuation, das heißt die hohe Mitarbeiterstabilität, brachte ein großes Ausmaß an stabilem Konzern-Know-how.

Albert Berner: Wann immer möglich, habe ich mir die Zeit genommen, an der Entwicklung neuer Produkte oder Verbesserungen zu tüfteln. Neben der Chemie hatten es mir die Dübel angetan. Der Berner Langhülsen-Spreizdübel war beispielsweise das Resultat eines verregneten Urlaubstages im Salzburger Land 1966. Während meine Frau mit den Kindern gespielt hat, habe ich im Hotelzimmer gesessen und gemalt. Die Idee kam aus der Tierwelt. Ich habe mich daran orientiert, wie sich ein Specht ins Holz einbohrt. Angetrieben hat mich nicht nur visionärer Ehrgeiz, sondern etwas ganz Pragmatisches: Mit eigenen Patenten lässt sich gutes Geld verdienen. Entwicklergeist können Sie nicht lernen. Das hat man in sich. Noch heute erwische ich mich dabei, wie ich zu den jungen Produktmanagerinnen oder Produktingenieuren sage: »Probiert das doch mal so aus.« Ich bin stolz, dass wir eine Reihe von exklusiven Produkten auf dem Markt haben. Im Kontext Schrauben gehört unter anderem die EASYfastWaveplus dazu. Aber auch EASYclassic und EASYfast sind Eigenentwicklungen.

Die Internationalisierung hat den Grundstein für das wirtschaftliche Wachstum und die erfolgreiche Entwicklung unseres Unternehmens zu einem führenden europäischen B2B-Großhändler gelegt.

Der Direktvertrieb lebt von persönlichen Beziehungen. Sie müssen den Puls des Marktes fühlen, regelmäßig mit Kunden sprechen und genau zuhören. Sonst können Sie nicht erfolgreich sein. Schon gar nicht auf der Strecke. Mir war wichtig, nah dran zu sein. Das hat mir bei der Gründung geholfen. Viele meiner Kunden hatten mich in dem Vorhaben bestätigt, mich selbständig zu machen, und mir im Voraus Unterstützung signalisiert. Später bin ich auf Messen gegangen, habe jahrzehntelang Außendienstmitfahrten mitgemacht, neue Produkt-Highlights bei Kunden vorgeführt. Heute haben Sie sehr viel bessere Instrumente, um Kundennähe herzustellen. Das Grundprinzip hat sich aber nicht geändert. Die Berner Group hat heute zehn Millionen Kundenkontakte. Das ist ein Alleinstellungsmerkmal und eine Stärke, um die uns Internet-Händler beneiden.

Konkurrenz belebt bekanntlich das Geschäft. Der Erfolg eines Wettbewerbers ist zugleich immer auch ein Ansporn, es noch besser zu machen. Dennoch ist die Berner Group heute groß genug, um selbstbewusst sagen zu können: Wir schauen auf uns. Wir gehen unseren Weg. Was andere tun oder lassen, interessiert uns nicht. Natürlich machen wir eine professionelle Wettbewerbsanalyse. Das gehört zur modernen Unternehmensführung dazu.

Berner ist ein Familienunternehmen. Aus dem Einmannbetrieb, den ich 1957 in Künzelsau gegründet habe, ist heute ein internationales Unternehmen mit rund 8.200 Beschäftigten in mehr als 20 Ländern geworden. Die Mitarbeiterinnen und Mitarbeiter sind Herz und Rückgrat unseres Erfolgs. Meiner Frau und mir ist es wichtig, unsere Dankbarkeit und Wertschätzung deutlich zum Ausdruck zu bringen, wenn wir zu Besuch an einem unserer Standorte sind. Und die Herzlichkeit, mit der wir regelmäßig begrüßt werden, zeigt uns wiederum, dass wir vieles richtig gemacht haben. Leider hatte ich bei Personalentscheidungen nicht immer ein glückliches Händchen. Ab und zu bin ich sicher auch über das Ziel hinausgeschossen, war in meinen Ansagen mitunter etwas zu direkt. Das tut mir im Rückblick bei dem einen oder anderen Kollegen leid. Aber: Ich bin eben ein typischer Hohenloher – harte Schale, weicher Kern.

Gerhard Sturm: Innovation ist unser täglich Brot und ganz entscheidend für unsere Existenz und unseren Erfolg. Bereits seit Gründung arbeiten wir nach meinem persönlichen Leitspruch, dass jedes Produkt ökonomisch und ökologisch seinen Vorgänger übertreffen muss. Wir sind als Technologieführer kontinuierlich gefordert, unseren Kunden einen Wettbewerbsvorteil zu bieten und zu ermöglichen. Hierfür investieren wir jährlich über fünf Prozent unseres Umsatzes in den Forschungs- und Entwicklungsbereich.

Zur Schaffung von Innovation bedarf es hervorragender Fachkräfte, die wir im Unternehmen durch interessante Aufgaben, Kultur und Bezahlung halten können. Natürlich ist auch die Gewinnung neuer Fachkräfte für uns bedeutend. Daher setzen wir uns stark für die Bildungsregion ein und unterstützen zum Beispiel Hochschulen, Schulen, Vereine wie die Innovationsregion oder veranstalten Jugend forscht. Auch die Internationalisierung war wichtig für die erfolgreiche Entwicklung des Unternehmens. Gleich in den ersten Jahren nach der Gründung habe ich mich mit dem Auto nach Holland, Frankreich etc. aufgemacht, um erste Kontakte in Europa zu gewinnen und damit einen internationalen Vertrieb aufzubauen. Schnell ist ein Netzwerk mit eigenen Standorten entstanden. Heute erwirtschaften wir rund 78 Prozent unseres Umsatzes im Ausland. Die USA und China sind dabei neben Europa die wichtigsten Märkte mit hohem Wachstumspotential.

Wir sind Serviceanbieter und entwickeln Lösungen für unsere Kunden. Wir wollen unseren Kunden mit unseren innovativen Produkten helfen, stets einen Wettbewerbsvorteil zu besitzen. Wir pflegen eine enge Kundennähe. Wir haben unsere Wettbewerber im Blick, konzentrieren uns als Technologieunternehmen auf uns, unter Berücksichtigung neuer Trends, unserer Märkte und Kunden.

Unsere Mitarbeitenden sind die wichtigste Ressource unseres Unternehmens und waren der Erfolgsgarant für unsere Firmengeschichte. Besonders erwähnen möchte ich hier meine Führungsmannschaft der ersten Stunde, die die Basis der Erfolgsgeschichte bereitete, sei es in der Technik, Vertrieb, Produktion, Einkauf und Finanzen. Auf der anderen Seite waren es unsere Mitarbeitenden, die durch ihren Fleiß und unermüdlichen Einsatz für ihre ebm den Grundstein unserer Erfolgsgeschichte legten. Die meisten bleiben, wenn sie einmal bei uns arbeiten. Ich habe mich stets für die Menschlichkeit im Unternehmen eingesetzt und diese in den Fokus unseres Handels gestellt. Mich freut, dass dies noch heute gilt und gelebt wird. Die Menschlichkeit ist neben Fortschritt und Innovation feste Säule in unseren Unternehmenswerten.

Haben Sie sich jemals an Vorbildern orientiert? Wenn ja, an welchen?

Reinhold Würth: Natürlich gibt es Menschen, an denen ich mich in der Jugend orientiert habe. Dazu gehörte unser erster Bundespräsident Theodor Heuss ob seiner freundlichen Bescheidenheit, gleichwohl gepaart mit Durchsetzungskraft. Auch Hans Lutz Merkle, der frühere Chef der Bosch-Gruppe, war mir zu seiner Zeit ein Vorbild im geradlinigen Kontinuum und der Durchsetzungsfähigkeit.

Albert Berner: Ich bin immer meinen eigenen Weg gegangen. In die Fußstapfen anderer Menschen zu treten, kam für mich nie infrage. Dafür war ich viel zu ehrgeizig, wollte meine eigenen Spuren hinterlassen. Ich habe stets versucht, bei mir zu bleiben, und der zu sein, der ich bin. Ehrlich, bodenständig, zuverlässig.

Gerhard Sturm: Vorbilder im Sinne des Aufbaus und Führens von Unternehmen hatte ich wenig. Erwähnen möchte ich jedoch meinen Mentor Heinz Ziehl.

Die damaligen Zeiten erlaubten und forderten ein pragmatisches Vorgehen und ich lernte schnell, unternehmerische Entscheidungen zu treffen. Meine Vorbilder liegen im historischen und ethischen Bereich. Ich habe mich mit den christlichen

Grundsätzen auseinandergesetzt und bin der Überzeugung, dass alle Menschen in einer Gesellschaft Verantwortung für das soziale Gefüge und das Miteinander tragen müssen.

Haben Managementschulen für Sie jemals eine Rolle gespielt?

Reinhold Würth: Die Management-by-Konzepte in der Wirtschaft waren während meiner jetzt 72 Berufsjahre Legion. Viele der Methoden habe ich mir angeschaut und vielleicht auch den einen oder anderen Punkt übernommen, in Konsequenz bin ich aber meinen eigenen Managementweg gegangen.

Alber Berner: Nein, das waren andere Zeiten. Ich habe 1948 mit 13 die Schule beendet. Nicht, weil ich wollte, sondern weil ich musste. Wir konnten uns die 25 Mark monatlich für die Oberschule nicht leisten. Deshalb begann ich eine Metzgerlehre. Doch das war es nicht, was ich wollte. Mit der Ausbildung zum Großhandelskaufmann habe ich 1952 dann meine wahre Bestimmung gefunden. Vom ersten Arbeitstag an ordnete ich mein Leben komplett neu. Ich wurde pünktlich, ordentlich und fleißig. Vorher war ich ein ziemliches Früchtchen. Da ich einen Führerschein besaß, konnte ich nach anderthalb Jahren in den Außendienst. Den Umgang mit Kunden kannte ich bereits, weil ich bei den Eltern im Laden stand. Jetzt kam das Verkaufen dazu. Das war genau meine Sache!

Später, als ich selbständig war und es mir hätte leisten können, hatte ich dann andere Dinge im Kopf, als noch mal die Schulbank zu drücken. Ich habe ein international erfolgreiches Unternehmen geführt, war Familienvater und hatte meine Hobbies, vor allem den Sport. Vielleicht wäre mir mancher Fehler durch eine Managementausbildung erspart geblieben. Vielleicht hätte ich dafür aber andere Fehler gemacht. Insgesamt habe in meinem Berufsleben mehr richtige Entscheidungen getroffen als falsche. Dafür bin ich dankbar. Und mit mir im Reinen.

Gerhard Sturm: Als junger Mensch hätte ich sehr gerne ein technisches Studium absolviert. Ich nahm jedoch das Angebot von Heinz Ziehl an, in seiner Firma als technischer Leiter zu beginnen. Für mich persönlich war die Managementschule die ebm.

Ihnen ist offensichtlich Ihre Nachfolgeregelung sehr gut gelungen. Haben Sie Tipps für andere Familienunternehmerinnen und Familienunternehmer?

Reinhold Würth: Nachfolgeregelungen sind schwierig zu standardisieren, weil jeder Einzelfall sowohl von der Familiengeschichte als auch von den handelnden Personen her unglaublich unterschiedlich ist. Wahrscheinlich muss jedes Familienunternehmen seinen eigenen Weg finden und kann sich dabei an einer Legion vorhandener Literatur orientieren, um das für das eigene Unternehmen am besten passende Modell auszuwählen.

Albert Berner: Als Firmengründer, vor allem aber auch als Vater, bin ich sehr glücklich, dass wir etwas geschafft haben, woran viele Familienunternehmen scheitern, manche sogar zerbrechen: einen erfolgreichen Generationenwechsel. Ein Patentrezept für einen sprichwörtlich reibungslosen Übergang habe ich nicht. Das A und O ist Vertrauen. Ich war felsenfest davon überzeugt, dass das Unternehmen bei Christian in guten Händen ist. Dass ich ihm die Führung zutraue, habe ich ihn auch spüren lassen.

Ich habe nie versucht, ihm reinzuquatschen, habe mich nie als Ratgeber aufgedrängt, mich nie ins operative Geschäft eingemischt, nie seine Entscheidungen offen kritisiert, nie hinter seinem Rücken Absprachen getroffen. Er weiß, dass ich immer für ihn da bin. Aber: Wenn Sie das Geschäft übergeben, müssen Sie loslassen – und zwar richtig, sonst kracht es zwangsläufig irgendwann. Sie können nicht die graue oder weiße Eminenz im Hintergrund sein. Deshalb habe ich mich auch gezielt Schritt für Schritt zurückgezogen. Heute bin ich Ehrenvorsitzender des Aufsichtsrats, das reicht.

Gerhard Sturm: Ja, mein Sohn Ralf hat die Geschäfte der Familie übernommen und managed das Familienoffice und die darin verbundenen Firmen ganz in meinem Sinne. Bei ebm-papst haben wir seit November 2021 einen neuen CEO, der gemeinsam mit dem Top-Management das Unternehmen weiterentwickeln und dabei wichtige Zukunftsfelder wie die Digitalisierung integrieren wird.

Welchen Rat geben Sie jungen Menschen mit auf den Weg, die heute vor ihrer Entscheidung zur Berufswahl stehen?

Reinhold Würth: Auch hier ist es fast unmöglich, einen Rat zu geben: Jeder muss seinen eigenen Weg in eine berufliche Zukunft finden. Die Schulen bieten heute mindestens in Baden-Württemberg schon das Fach WBS (Wirtschaft/ Berufs- und Studienorientierung). In allen Berufsbereichen ist eine gute Kenntnis der Informatikwelt von Nutzen, weil damit der Sprung zur Künstlichen Intelligenz (KI) in zukunftsorientierte Berufsgruppen vorbereitet wird.

Albert Berner: Bei allem Wandel, Fortschritt und Erfolg: Vergiss nie deine Wurzeln. Hör' auf deinen Kopf, aber vertrau' auch deinem Bauchgefühl.

Gerhard Sturm: Man muss sich immer treu bleiben, das heißt, man muss seine Träume und Vorstellungen verwirklichen. Dazu kommt, dass man für den Erfolg hart arbeiten muss. Eine gute Ausbildung ist daher die größte Voraussetzung für späteren Erfolg im Geschäft, ein weiterer Erfolgsfaktor ist das unternehmerische Vorgehen, man muss die Dinge anpacken und umsetzen, dann können sich auch Erfolge einstellen.

Wie beurteilen Sie die aktuelle Gründerszene in Deutschland?

Reinhold Würth: Unsere Republik ist nicht gründerfreundlich, weil der Staat auf die möglichst hohe Lebensversorgung der Bürger mit Subventionen, Zuschüssen und Risiko-Übernahmen ausgerichtet ist. Die Jugend wird dadurch dazu erzogen, dem Staat die Finalverantwortung für einen angenehmen Lebensstil zu übertragen, deshalb der Drang zum Studium und nach erfolgreichem Studium möglichst im Mittelmanagement in Wirtschaft und Unternehmen einzusteigen. Der härtere, aber interessante Berufsweg, über Lehre und Praxis aufzusteigen, ist mühsamer und anstrengender, aber für Erfolgreiche am Ende faszinierend.

Albert Berner: Ich habe mich 1957 im Kellerraum unseres Hauses selbständig gemacht, hatte 3.000 D-Mark Startkapital in der Tasche und ein altes Auto in der Garage. Heute würde mir wahrscheinlich niemand eine Gewerbeerlaubnis genehmigen. Und einen Kredit gebe es auf der Bank auch nicht. Wir Deutschen neigen dazu, die Dinge zu pessimistisch zu sehen, stehen uns mit Überbürokratisierung und Perfektionswahn selbst im Weg. Das würgt manche Gründung ab, bevor der Motor richtig warmlaufen kann. Dabei sind die Rahmenbedingungen heute um ein Vielfaches besser als zu meiner Zeit. Die Firma BioNTech aus Mainz ist doch das beste Beispiel dafür, was alles möglich ist. Um diesen Forschungserfolg beneidet uns die ganze Welt.

Gerhard Sturm: Ich freue mich immer, wenn junge Menschen die Entscheidung zur Gründung ihres Unternehmens treffen, und kann das aus eigener Perspektive gut nachvollziehen. Geschäftlicher Erfolg hängt allerdings so stark mit Kompetenzen, Produkten, Märkten und auch dem Quäntchen Glück zusammen, dass mir der Hype um die Gründerszene und Start-Ups ein wenig zu weit geht. Im Grunde sind alle Unternehmensgründungen zu Beginn ein Start-Up, der geschäftliche Erfolg ist allerdings ein mühsamer Weg mit Aufs und Abs, begleitet durch viel Risiko und manchmal auch Glück.

Wie bedeutend ist die Europäische Union für Ihr Unternehmen?

Reinhold Würth: Die Europäische Union hat große Bedeutung. Tatsächlich macht die Würth-Gruppe heute außerhalb Deutschlands im Rest der EU 35,8 Prozent ihres Umsatzes. Der Europäische Markt ist also essenziell, nicht nur für uns, sondern für die gesamte deutsche Wirtschaft ein großer Segen.

Albert Berner: Wir alle haben der EU sehr viel zu verdanken, denn der enge, europäische Schulterschluss ist die Grundlage für Frieden und Freiheit. Ich habe den Krieg ja noch selbst miterlebt, weiß, was es heißt, wenn die Menschen schweigen und stattdessen Waffen sprechen lassen. Wenn ich heute die furchtbaren Kämpfe in der Ukraine sehe, sind die schrecklichen Bilder aus meinen Kinder- und Jugendtagen plötzlich wieder ganz lebendig. Wir Berners sind von unseren Werten und den europäischen demokratischen Idealen geprägt. Wir glauben an Leistung, wir glauben an Unabhängigkeit, um mit Wohlstand für Frieden und Stabilität zu sorgen. Wir glauben an harte Arbeit, die es uns ermöglicht, die Demokratie zu tragen.

Gerhard Sturm: Die Europäische Union ist bedeutend für alle Menschen in diesem Bündnis, denn sie steht für Sicherheit, Stabilität und Zusammenhalt und ermöglicht eine starke wirtschaftspolitische Position unter anderem gegenüber den Großmächten USA, China. Es gilt für uns alle, diese Einheit zu schützen und zu pflegen.

Dank

Autor und Verlag danken den hier gewürdigten Unternehmern sowie ihren Mitarbeiterinnen und Mitarbeitern für die vielen Informationen und Gespräche, die dieses Buch ermöglicht haben.

Anmerkungen

Drei aus einer Klasse

[1] www. weltmartkfuehrerindex.de
[2] DETJEN, Claus: Reinhold Würth. Der Patriarch in seiner Verantwortung. Gespräche mit dem Unternehmer und Mäzen, Frankfurt am Main 2015. S. 9

Familienunternehmen wie Würth, Sturm und Berner

[1] Vgl. HEIDER, Anne Katerina: Unternehmenskultur und Innovationserfolg in Familienunternehmen, Wiesbaden 2017.
[2] Vgl. Stiftung Familienunternehmen (Hg.): Die volkswirtschaftliche Bedeutung der Familienunternehmen, erstellt vom ZEW – Leibniz-Zentrum für Europäische Wirtschaftsforschung Mannheim und vom Institut für Mittelstandsforschung Mannheim, [5]München 2019.
[3] Ebd.
[4] LANGENSCHEIDT, Florian (Hg.): Deutsche Standards. Aus bester Familie. 100 vorbildliche deutsche Familienunternehmen, Köln 2007.
[5] HENNERKES, Brun-Hagen/KIRCHDORFER, Rainer: Die Familie und ihr Unternehmen. Strategie, Liquidität, Kontrolle. Frankfurt/New York 2015.
[6] LANGENSCHEIDT 2007.
[7] HENNERKES/KIRCHDORFER 2015.
[8] HENNERKES, BRUN-HAGEN: Meine Zeit als Consigliere. Lebensaufgabe Familienunternehmen. Autobiographisches, Freiburg 2019.
[9] Braun, A. M., WirtschaftsWoche vom 24.1.2020.
[10] Oschmann, M., Handelsblatt 20.1.2020.
[11] HENNERKES 2019.
[12] HENNERKES/KIRCHDORFER 2015.
[13] RÖDL & PARTNER: Themenspecial: Familienunternehmen.

14 IfD Allensbach – Institut für Demoskopie Allensbach: Allgemeines negatives Image von Unternehmen steht positives Ansehen der Familienunternehmen gegenüber, Dezember 2019.
15 FISCHER, K., zitiert aus einem Vortrag in Stuttgart, Dezember 2020.
16 IfD Allensbach 2019.
17 Heidbreder, S.: Stiftung Familienunternehmen.
18 MÜLLER, CHRISTOPH, zitiert nach: Wirtschaftswoche, 24.1.2020.
19 BÜHLER, HANS, zitiert aus einem Vortrag in Schwäbisch Hall 2019.
20 MÜLLER, ANJA: [Art.] Teamplayer statt Patriarchen, in: Handelsblatt, 28.1.2020.
21 Ebd.
22 MÜLLER 2020.
23 OEHLE, FREYA: [Art.] Mehr Giga wagen, in: Wirtschaftswoche, 10.1.2020.

Die Region der Weltmarktführer – Schwäbisch Hall/Hohenlohe

1 KRETSCHMANN, Winfried: Ein Landkreis mit viel Lebensqualität, in: Der Landkreis Schwäbisch Hall, ganz persönlich, hrsg. vom Landratsamt Schwäbisch Hall, Schwäbisch Hall 2015. S. 14f.
2 MAPPUS, Stefan: Zum Geleit, in: Heilbronn-Franken. Region der Weltmarktführer, hrsg. von Florian LANGENSCHEIDT und Bernd VENOHR, Heilbronn 2011.
3 SCHLAUCH, Rezzo: Der Dreiklang einer lebenswerten Umwelt, in: Der Landkreis Schwäbisch Hall, ganz persönlich, hrsg. vom Landratsamt Schwäbisch Hall, Schwäbisch Hall 2015. S. 64f.
4 DÖRING, Walter: Die wahre Europabrücke, in: Die Kochertalbrücke. Deutschlands höchste Brücke, ein Kulturdenkmal für Europa, hrsg. vom VDI Württembergischer Ingenieursverein, Schwäbisch Hall 2019. S. 21–34.
5 NOLLER, Christel und VOLKE, Hans: Unverfälschte Natur und vielfältige Karrieremöglichkeiten, in: Der Landkreis Schwäbisch Hall, ganz persönlich, hrsg. vom Landratsamt Schwäbisch Hall, Schwäbisch Hall 2015. S. 146–147.

[6] Kunst bei Würth: Anziehungspunkte der Kunstwelt, in: Der Landkreis Schwäbisch Hall, ganz persönlich, hrsg. vom Landratsamt Schwäbisch Hall, Schwäbisch Hall 2015. S. 210–211.

Reinhold Würth, Würth Group

[1] Schoog, Bernadette: Der Mensch lebt nicht vom Brot allein. Der Unternehmer Reinhold Würth und die Kunst, Künzelsau 2015. S. 47.
[2] Ebd., S. 51.
[3] Ebd., S. 14.
[4] Simon, Hermann: Hidden Champions des 21. Jahrhunderts. Die Erfolgsstrategien unbekannter Weltmarktführer, Frankfurt am Main 2007. S. 51.
[5] Rosenberger, Walther: [Art.] Milliarden und milde Gaben, in: Stuttgarter Nachrichten, 20. 4. 2015.
[6] Detjen 2015, S. 9.
[7] Knirsch, L.-K.: Reinhold Würth. Förderer. Macher. Visionär, Sonderausgabe pro magazin, Schwäbisch Hall 2015.
[8] Detjen 2015, S. 139.
[9] Ebd., S. 21.
[10] Vgl. Rosenberger 2015, S. 3.
[11] Knirsch 2015, S. 5.
[12] Simon 2007, S. 51.
[13] Detjen 2015, S. 37f.
[14] Simon 2007, S. 51f.
[15] Rosenberger 2015, S. 3.
[16] Detjen 2015, S. 114.
[17] Machatschke, Michael: Auszeichnung von Würth und von Pierer, in: manager magazin, Heft 7, 2004. S. 20.
[18] Rosenberger 2015, S. 3.
[19] Detjen 2015, S. 27.
[20] Ebd., S. 170.
[21] Machatschke 2004, S. 20.
[22] Schoog 2015, S. 80.
[23] Würth, Reinhold, zitiert nach: Süddeutsche Zeitung, 30.5.2020.

[24] Schoog 2015, S. 143.
[25] Detjen 2015, S. 32.
[26] Weber 2020, S. 7.
[27] Rosenberger 2015, S. 3.
[28] Detjen 2015, S. 23.
[29] Ebd., S. 25.
[30] [Art.] Reinhold Würth. Keine Angst vor Amazon, in: Unternehmen & Märkte, Handelsblatt, Nr.79, April 2015.
[31] [Art.] Montagetechnik. Im Schatten des Patriarchen: Würth-Chef Robert Friedmann ist als Diplomat gefragt, in: Unternehmen & Märkte, Handelsblatt, Nr.79, Mai 2022.
[32] www.wuerth.com.
[33] Adolf Würth GmbH & Co. KG (Hg.): Sonderveröffentlichung, 16. Juli 2020. 1945–2020. 75 Jahre Würth, Heilbronn 2020. S. 3.

Albert Berner, Berner SE

[1] Grau/Guttmann 2009, S. 16.
[2] Ebd. S. 116.
[3] [Art.] »Ich war ein Spätzünder, Albert ein junger Wilder«, in: impulse, 5.10.2010.
[4] Grau/Guttmann 2009, S. 26f.
[5] Ebd., S. 28.
[6] Ebd., S. 31.
[7] Ebd.
[8] Ebd., S. 32.
[9] Ebd., S. 37.
[10] Ebd., S. 52.
[11] Ebd., S. 54.
[12] Ebd., S. 55.
[13] Ebd., S. 62f.
[14] Albert-Berner-Stiftung, www.berner-group.com
[15] Grau/Guttmann 2009, S. 16.
[16] Ebd., S. 82.

[17] Interview am Ende des Buches.
[18] Ebd., S. 96.
[19] www.berner-group.com/berner-group/historie
[20] Ebd.
[21] GRAU/GUTTMANN 2009.
[22] www.news.berner.de/neues-chemielabor-fuer-profi-loesungen-von-uebermorgen
[23] SCHEELE, Martin: [Art.] Albert Berner. Der ewige Zweite, in: manager magazin, 21.9.2005.
[24] Ebd.
[25] Interview am Ende des Buches.
[26] KAPALSCHINSKI, Christoph: [Art.] Christian Berner. Warum der Berner-Chef Mut zum Konflikt brauchte, in: Handelsblatt, 30.10.2019.
[27] Ebd.
[28] Ebd.
[29] www.berner-group.com/berner-group/historie
[30] Interview am Ende des Buches.

Gerhard Sturm, ebm-papst-Gruppe

[1] impulse-Interview, in: impulse, 10/2010.
[2] Ebd.
[3] BRÜTTING, Reinhold: 50 Jahre ebm-papst. Die Wahl der Ingenieure, Mulfingen 2013. S. 130.
[4] RISCH, Susanne: Komplizierte Familienverhältnisse, in McK Wissen: Cluster, in: brand eins online.
[5] Ebd., S. 16.
[6] BRÜTTING 2013, S. 134.
[7] RISCH, Susanne: Komplizierte Familienverhältnisse, S. 16.
[8] WITTENSTEIN, Manfred: Geschäftsmodell Deutschland. Warum die Globalisierung gut für uns ist, Hamburg 2010. S. 53.
[9] Ebd., S. 54.
[10] Ebd.
[11] BRÜTTING 2013, S. 18.

[12] Ebd., S. 74.
[13] Ebd., S. 79.
[14] Ebd., S. 99.
[15] www.ebm-papst.com
[16] Brütting 2013, S. 117.
[17] Schmale, Oliver: [Art.] »Wir kühlen die Cloud«, in: Frankfurter Allgemeine Zeitung, 25.4.2022, S. 20.
[18] mag, das Magazin von ebm-papst, 2022.
[19] RegioBusiness Nr. 237, S. 5.

Literatur

Adolf Würth GmbH & Co. KG (Hg.): Sonderveröffentlichung, 16. Juli 2020. 1945–2020. 75 Jahre Würth, Heilbronn 2020.

[Art.] „Ich war ein Spätzünder, Albert ein junger Wilder", in: impulse, 5. 10. 2010.

[Art.] Montagetechnik. Im Schatten des Patriarchen: Würth-Chef Robert Friedmann ist als Diplomat gefragt, in: Unternehmen & Märkte, Handelsblatt, Nr.79, Mai 2022.

[Art.] Reinhold Würth. Keine Angst vor Amazon, in: Unternehmen & Märkte, Handelsblatt, Nr.79, April 2015.

Brütting, Reinhold: 50 Jahre ebm-papst. Die Wahl der Ingenieure, Mulfingen 2013.

Detjen, Claus: Reinhold Würth. Der Patriarch in seiner Verantwortung. Gespräche mit dem Unternehmer und Mäzen, Frankfurt am Main 2015.

Döring, Walter: Die wahre Europabrücke, in: Die Kochertalbrücke. Deutschlands höchste Brücke, ein Kulturdenkmal für Europa, hrsg. vom VDI Württembergischer Ingenieursverein, Schwäbisch Hall 2019. S. 21–34.

Grau, Ute/Guttmann, Barbara: Mein Leben, mein Weg. Die Biografie des Unternehmers Albert Berner, Künzelsau 2009.

HEIDER, ANNE KATERINA: Unternehmenskultur und Innovationserfolg in Familienunternehmen, Wiesbaden 2017.

HENNERKES, BRUN-HAGEN/KIRCHDORFER, RAINER: Die Familie und ihr Unternehmen. Strategie, Liquidität, Kontrolle. Frankfurt/New York 2015.

HENNERKES, BRUN-HAGEN: Meine Zeit als Consigliere. Lebensaufgabe Familienunternehmen. Autobiographisches, Freiburg 2019.

IfD Allensbach – Institut für Demoskopie Allensbach: Allgemeines negatives Image von Unternehmen steht positives Ansehen der Familienunternehmen gegenüber, Dezember 2019.

KAPALSCHINSKI, Christoph: [Art.] Christian Berner. Warum der Berner-Chef Mut zum Konflikt brauchte, in: Handelsblatt, 30.10.2019.

KNIRSCH, L.-K.: [Art.] Reinhold Würth. Förderer. Macher. Visionär, Sonderausgabe pro magazin, Schwäbisch Hall 2015.

KRETSCHMANN, Winfried: Ein Landkreis mit viel Lebensqualität, in: Der Landkreis Schwäbisch Hall, ganz persönlich, hrsg. vom Landratsamt Schwäbisch Hall, Schwäbisch Hall 2015. S. 14f.

Kunst bei Würth: Anziehungspunkte der Kunstwelt, in: Der Landkreis Schwäbisch Hall, ganz persönlich, hrsg. vom Landratsamt Schwäbisch Hall, Schwäbisch Hall 2015. S. 210–211.

LANGENSCHEIDT, FLORIAN (Hg.): Deutsche Standards. Aus bester Familie. 100 vorbildliche deutsche Familienunternehmen, Köln 2007.

MACHATSCHKE, Michael: [Art.] Auszeichnung von Würth und von Pierer, in: manager magazin, Heft 7, 2004.

MAPPUS, Stefan: Zum Geleit, in: Heilbronn-Franken. Region der Weltmarktführer, hrsg. von Florian LANGENSCHEIDT und BERND VENOHR, Heilbronn 2011.

MÜLLER, Anja: [Art.] Teamplayer statt Patriarchen: Die neue Chef-Generation hat eine Chance verdient, in: Handelsblatt, Januar 2020.

NOLLER, Christel und Hans Volker: Unverfälschte Natur und vielfältige Karrieremöglichkeiten, in: Der Landkreis Schwäbisch Hall, ganz persönlich, hrsg. vom Landratsamt Schwäbisch Hall, Schwäbisch Hall 2015. S. 146–147.

OEHLE, FREYA: [Art.] Mehr Giga wagen, in: Wirtschaftswoche, 10.1.2020.

RISCH, Susanne: Komplizierte Familienverhältnisse, in: McK Wissen Cluster, brand eins online.

ROSENBERGER, Walther: [Art.] Milliarden und milde Gaben, in Stuttgarter Nachrichten, Nummer 90, 20. 4. 2015.

SCHEELE, Martin: [Art.] Albert Berner. Der ewige Zweite, in: manager magazin, 21.09.2005.

SCHLAUCH, Rezzo: Der Dreiklang einer lebenswerten Umwelt, in: Der Landkreis Schwäbisch Hall, ganz persönlich, hrsg. vom Landratsamt Schwäbisch Hall, Schwäbisch Hall 2015. S. 64f.

SCHMALE, Oliver: [Art.] »Wir kühlen die Cloud«, in: Frankfurter Allgemeine Zeitung, 25.4.2022, S. 20.

SCHOOG, Bernadette: Der Mensch lebt nicht vom Brot allein. Der Unternehmer Reinhold Würth und die Kunst, Künzelsau 2015.

SIMON, Hermann: Hidden Champions des 21. Jahrhunderts. Die Erfolgsstrategien unbekannter Weltmarktführer, Frankfurt am Main 2007.

Stiftung Familienunternehmen (Hg.): Die volkswirtschaftliche Bedeutung der Familienunternehmen, erstellt vom ZEW – Leibniz-Zentrum für Europäische Wirtschaftsforschung Mannheim und vom Institut für Mittelstandsforschung Mannheim, [5]München 2019.

WEBER, C. Sylvia (Hrsg.): Kultur bei WÜRTH, Künzelsau 2020.

WITTENSTEIN, Manfred: Geschäftsmodell Deutschland. Warum die Globalisierung gut für uns ist, Hamburg 2010.